20 世纪中国图书馆学文库·74

图书馆自动化
应用基础

沈迪飞　主编

圕　國家圖書館出版社

本书据湖北科学技术出版社 1992 年 4 月第 1 版排印

前　　言

　　由文化部作为重点科技项目下达，深圳图书馆承担并组织全国8个省公共图书馆参加合作开发完成的"图书馆自动化集成系统(ILAS)"于1991年11月在深圳通过了部级鉴定。鉴定委员会对该系统给予高度的评价，认为"系统研制结合国情，按实用目标进行软件、硬件配套、书目库和环境的综合开发，在微机系列图书馆自动化集成系统的功能完备性、整体系统的集成性和通用性、技术的实用性和先进性、产品化程度、软件的可维护性和可移植性、推广的范围和产生的效益等综合指标居国内领先水平，达到了国际八十年代同类系统的先进水平。"目前，该系统已在国内30个省、市、区公共图书馆、专业图书馆及高校图书馆投入运行。

　　一项有价值的科研成果问世之后，最重要的便是应用，而应用急需培训人才，以造就一大批从宏观到微观都能准确掌握和应用该系统的专业工作者。

　　经过一段仓促而又认真的编写之后，我们把这套包括对图书馆自动化四大要素的综合研究，特别是对用户环境的研究成果在内的、切合我国图书馆自动化实际的应用培训教材，奉献给我国图书馆界的同仁，相信通过实践不断完善和修订之后，会对图书馆自动化建设产生积极的意义。

　　本书试图总结国内外特别是国内图书馆自动化的实践经验，系统阐述实施图书馆自动化的理论和实践问题，为我国现在和未

1

来的图书馆自动化建设,提供一种模式,以帮助正在实践或即将投入实践的图书馆自动化建设的领导者和实际工作者们思考和借鉴,故着力于知识性与实践性相结合,而以实践性为主。

本书共分六章。第一章简述图书馆自动化的基本概念和国内外图书馆自动化的发展历史与现状。第二章介绍书目数据库的基本概念和机读目录等基础知识,并就书目数据库的标准化和建立书目数据库的条件、模式、方法与路子进行了叙述。第三章介绍计算机软件的基本概念,软件的历史沿革与软件研制技术,并介绍了ILAS系统的模型、功能与数据结构等,同时简述对图书馆自动化软件的评价与选择方法。第四章介绍了图书馆自动化系统中常用的计算机系统与外部设备的型号、性能和选择、购置计算机设备的主要指标参数,提供一套适应不同层次图书馆的计算机系统与外部设备配置方案,并列举出几个较典型的已应用计算机自动化管理的图书馆的规模与设备配置情况以供借鉴。第五章提出图书馆自动化建设中的应用环境问题,这是一个作为图书馆自动化四大要素之一的极为重要但还未受到重视也未见之于经传的课题,本章就应用环境的理论、馆内应用环境和馆外应用环境等进行了较详尽的探讨和论述。最后一章叙述了图书馆自动化建设中的可行性研究方法,分别论述了总体方案设计、系统设计、系统实施等方法和步骤,并结合我国的国情,提出了我国图书馆自动化建设的发展战略。

本书是在由文化部批准建立的图书馆自动化集成系统研制组三年多的研制工作和一年半对17个图书馆推广工作进行总结的基础上编写而成的,是ILAS系统研制成果之一,它是集体的成果,凝结了研制组全体同志的心血。

本书由沈迪飞同志负责主编并完成第二、五、六章的编写,第一、三章由王大可同志编写,第四章由张安同志和郑晓军同志编写。研制组组长、副研究员余光镇同志和研制组副组长、高级工程师张贞文同志审阅了全稿并进行了修改。在编写过程中,得到了深圳图书馆领导和有关同志的关心和大力支持,黄丽苑等同志为本书的录入付出了辛勤劳动,在此一并表示谢意。

配合"图书馆自动化集成系统"的推广与更新换代,本书将随着图书馆自动化实践的不断发展而不断吸取新的营养,不断修订完善,以适应社会和图书馆发展的需要。

多谢各位合作,恳请领导和同行专家对本书提出建设性意见,以弥补"挂一漏万"之不足。

在本书编写和修改过程中,参考了大量有关资料(见主要参考文献目录),在这里谨向作者表示谢忱。

限于编者水平和编写时间仓促,书中错误在所难免,恳请专家学者和读者不吝赐教。

沈迪飞
1991. 12.

目　　录

第一章 图书馆自动化概述

第一节 现代科学技术对图书馆的挑战

当今世界,正出现一个以电子计算机、远程通讯网络和现代机械三位一体的新的技术革命浪潮。面临着新技术革命的挑战,世界上许多国家的政府、专家和学者都在紧张地酝酿和采取对策,新的技术革命迅速地使工农业生产、交通运输、商店、银行、机关、学校、文体卫生等各条战线产生着日新月异的变化。人类正在从工业化社会向信息化社会发展,信息已成为人类极其宝贵的资源。

回顾近代科学发展的历史,人类经历了两次技术革命。第一次是从 18 世纪 60 年代到 19 世纪中期的技术革命,其主要标志是蒸汽机的发明和应用;第二次是 19 世纪 70 年代到第一次世界大战期间的技术革命,其主要标志是电力和电机的应用。这两次技术革命的实质是用机器代替和扩展了人的体力,使资本主义国家的工业得到很大的发展。与此同时,也开始了图书馆工作与技术的结合,使图书馆的局部工作实现半机械化或机械化,以减轻工作人员的劳动量,提高工作效率,加速图书流通速度,如以电力为动力的图书传送带和升降机,书库中的手推车和水平传动装置,检索方面的手工穿孔卡片系统装置,光电穿孔卡片系统装置和缩微胶片系统装置等。这种利用穿孔卡片系统作为存贮和检索图书资料的机械系统,一直延续了半个世纪。

本世纪40年代,继世界第一次和第二次技术革命之后,进入了第三次技术革命的新时期。这次技术革命是以原子能工业、信息技术、空间技术和生物工程等为代表,许多新技术和新的综合性基础理论出现了,它们标志着一个崭新的技术时代。这一时期的主要特点是科学技术不断取得革命性的突破,现代科学知识的更新速度空前加快。有人称人类开始进入信息化社会,信息化社会的一个重要特征是信息量巨大且爆炸性地增长,同时发展速度越来越快。仅就科学技术信息的增长速度就足以说明这一问题。据统计,人类的科学知识在19世纪是每50年增加一倍,20世纪中叶是每10年增加一倍,70年代是每5年增加一倍,目前世界上每年出版图书70万种、期刊10万种、科技文献450万篇、专利文献35万件……。人们用"信息爆炸"来描述文献急剧增长的趋势。由于一次文献的迅速增长,一方面,图书馆如何有效地加工处理文献信息资源、提高传递速度是一个亟待解决的问题;另一方面,广大读者用手工方式去查找所需的文献资料也将是日益无法胜任的事情了。因此,如果图书馆沿袭传统的手工作业方式继续下去,人类将被"淹没"在自己所创造的浩如烟海的知识文明之中。实现图书馆自动化是走出困境的唯一出路。

现代科学技术的发展,尤其是电子计算机的出现,使图书馆工作自动化有了理想的设备。它不仅把人类从繁重的体力劳动中解放出来,而且可以模拟人的智能,代替和扩展人的脑力劳动。随着计算机功能的不断完善,运算速度不断提高,价格大幅度下降,使图书馆使用计算机成为现实。

图书馆的基本职能是对文献进行收集、整理、加工和提供使用。计算机可以对输入的文献信息高密度地存贮在磁带、磁盘、光盘和缩微胶卷(片)等多种载体上,并自动、高速地进行有序化等加工处理后提供给用户检索利用。因此,用于图书馆的计算机系统可以使文献资源集中化,存贮体积微型化,加工处理自动化,读者服务多样化。

此外,在图书馆中,以计算机为主体,计算机技术与缩微技术、声像技术、光学技术以及通讯技术相结合的现代技术体系,使图书馆各项技术工作产生了根本变革,使图书馆现代化事业有了突破性的发展。

第二节 国内外图书馆自动化概况

本节将分别介绍国外图书馆自动化发展概况和我国图书馆自动化系统的发展与应用现状。

一、国外图书馆自动化发展概况

图书馆自动化的发展历史是和电子计算机的出现和发展紧密联系的。1946 年第一台电子计算机问世以后,各种用于科技计算和事务处理的计算机相继出现,由于文献信息的激增和社会对情报信息的需求,图书馆也开始了应用计算机的研究和实验。1950年,美国海军军械中心图书馆的 H. E. 泰利特提交了世界上第一篇建议图书馆应用电子计算机的研究报告。1954 年,该中心图书馆首先在 IBM701 型计算机上建立了 NOTS 检索系统,采用单元词组配检索,输出结果为文献号码。NOTS 检索系统的建立,开始了图书馆自动化的新时期。到 1958 年,经过改正后的 NOTS 系统,使用 IBM704 型计算机,可以检索文摘、题目和作者等项目。

美国密苏里大学图书馆也于 1958 年在 IBM360/25 型计算机上进行了图书馆流通自动控制试验,并采用磁带方式存贮主文档数据。尽管该系统开始时只能输出文献号码、索书号和借书号,但对当时美国图书馆界很有影响,得到美国图书馆委员会的重视和推荐。

进入 60 年代以后,一些工业发达国家都先后在图书馆使用计算机。1960 年,美国人 L. R. 邦诺提出了编印目录卡片的机械化系统,1961 年,开始编印只用大写字母的目录卡片,这就是最初的机读目录。1962 年,美国加利福尼亚大学和南伊利诺斯大学图书馆分别应用计算机于期刊管理和流通管理。1963 年,耶鲁大学医学图书馆就开始用 IBM870 型计算机,并用磁带存贮方式建立了一个书目数据记录文档。同年,西德柏林大学和鸿波大学使用计算机于流通、目录编制和期刊登记管理。

1964 年,美国化学文摘社(CAS)建立了资料处理自动化系统,除作文摘和抽取关键词仍由人工完成外,其它过程均由计算机进行。同年,美国国立医学图书馆实现了资料管理与检索自动化系统,取名为 MEDLARS,并开始提供对外服务。就在这一年,英国南安普敦大学和纽卡斯尔大学也开始应用计算机于图书流通和采购系统。

1965 年,美国密执安大学图书馆的脱机批处理系统也开始投入运行,主要是用于图书订购和帐务处理。与此同时,哈佛大学、康奈尔大学、哥伦比亚大学、印第安那大学、纽约公共图书馆都纷纷建立起图书馆自动化系统。

1966 年,美国国会图书馆开始了 MARC 试验计划。同年,西德国家图书馆开始利用计算机编制全国书目;英国电气工程师学会开始应用计算机检索;日本科学技术文献中心完成文献速报自动编制系统。

1969 年,美国国会图书馆的 MARC II 格式机读目录磁带向全美国公开订购发行。以后几年,国会图书馆的 MARC 计划和研究部门又对格式进行了多次修改,并使之成为美国国家标准,且逐渐成为国际的标准。无疑,MARC 计划得到了普遍的赞扬,被誉为图书馆自动化历史上最有意义的进展。同年,日本开始应用汉字系统;接着,法国国家图书馆也开始用计算机编制国家书目。

随着计算机技术的高速发展和通讯技术的发展,到了 70 年代,图书馆自动化系统迅速由单机批处理系统发展到联机系统,并逐步发展成为计算机网络系统,各种不同规模、不同功能的图书情报网络陆续出现。其中,资格最老,规模最大的要算美国俄亥俄学院图书馆中心(OCLC——Ohio College Library Center)系统。该系统创建于 1967 年,到 1972 年便发展成为美国图书馆界最有影响的服务系统。到 1985 年,该系统的会员馆已发展到 6,082 个,会员遍及全美 50 个州和澳大利亚、加拿大、英、法、西德等国,直接装有终端近 10000 个,广泛为各科研、教学系统服务。由于原有名称已不能反映实际,于是将 OCLC 改名为计算机联机图书馆中心(Online Computer Library Center)。现在的 OCLC 已发展成为一个世界性的计算机图书情报自动化网络系统。

在美国西部还有另外两个较大的图书馆网络,一个是设在加州斯坦福大学的研究图书馆情报网络(Research Libraries Information Network – RLIN),直接担负着向研究图书馆协会(RLG)所属各高等院校图书馆和科研图书馆提供网络服务;另一个则是华盛顿州图书馆网络(Washington Library Network – WLN),直接从华盛顿州立图书馆给北太平洋西北地区的各图书馆提供服务。现在国会图书馆正把该馆的计算机网络与上述三个大型网络系统联通起来,形成美国全国性的网络。

另外,世界上有名的几个大型情报检索系统也是在这一阶段建立的。1969 年,世界上第一个大规模联机检索系统——美国 NASA 的 RECON 系统投入使用;1970 年建立了美国洛克希德公司的 DIALOG 系统;同年,系统发展公司(SDC)的 ORBIT 系统也建立起来;MEDLARS 也于 1970 年开展联机检索服务。不久,欧洲航天局 ESA/IRS 系统也投入运行。

随着计算机技术、通信技术和数据库技术相结合,形成了一个完善的情报服务现代化体系。计算机网络进入了商业应用阶段,公用电话网、电传网、公共数据通信网,为大型情报检索系统提供了条件,于是世界各大情报检索系统纷纷进入网络,向世界范围内提供服务,联机检索超越了国界,开始了国际联机情报检索新阶段。

目前,一些工业比较发达的国家,如日本、西德、意大利、法国、澳大利亚等国家的图书情报自动化也发展相当快,图书馆自动化、网络化均已具有相当的规模。

二、我国图书馆自动化的发展与现状

我国的图书馆自动化工作,起步较晚,随着社会主义现代化建设的需要和国内外计算机技术的发展,20 多年来有了很大的进展。整个过程大致可以划分为三个阶段。

1. 准备阶段(1974～1977 年)

我国图书馆自动化是从 1974 年 8 月周恩来总理亲自批准"汉字信息处理工程"(简称为 748 工程)开始的。748 工程主要是包括汉字情报检索的计算机应用软件、汉语主题词表、汉字通讯以及机器翻译等研究内容。在这一阶段,主要做了下面几方面工作。

(1)编制了《汉语主题词表》,为中文文献标引与检索打下了一定的基础。

(2)利用国产机对西文文献进行了建立机读目录数据库、主题标引、批处理定题服务、编制馆藏目录以及新书通报等试验工作。

(3)进行了联机检索的初步试验。

我国最早试验和研制计算机图书情报检索软件的单位是中国科学院计算技术研究所和第一机械工业部情报所。

中国科学院计算技术研究所利用国产 111 型计算机汇编语言编写了 QJ111 情报检索程序,1975 年投入试运行。1976 年与中国科学院图书馆合作试编了机读目录数据文档,输入文献 5000 余篇,并进行了定题检索、编制藏书目录和新书通报等试验工作。1979 年,中国科学院图书馆与有关单位协作编写了定题服务应用程序 SDI—111 程序。第一机械工业部情报所也于 1975 年 11 月对 500 篇铸造专业文献进行主题标引,与本部计算中心共同编制顺排资料档的检索程序,在 DJS–C4 型计算机上完成检索试验,后来他们又对系统软件进行了修改和扩充,于 1977 年 12 月首次进行了终端联机检索试验。他们的试验工作,为计算机在图书情报工作中的应用进行了有益的开拓性的尝试。

2. 引进与初步试用阶段(1978~1982 年)

1978 年全国科学大会后,图书情报现代化事业得到了国家的重视,同时也激发了广大图书情报工作者的热情。1980 年 8 月,在中国科技情报学会主持下,在北京召开了首届全国计算机情报检索讨论会,这也是计算机在我国图书情报工作中应用开始起步的重要标志。"起步"是通过"引进"开始的。其表现为:

(1)引进美国 MARC 磁带,对国外机读目录进行了研究。这项工作是 1979 年北京图书馆、中国科学院图书馆、北京大学图书馆、清华大学图书馆、中国人民大学图书馆和中国图书进出口公司共同协作进行的。在此同时,化工部、石油部、机械工业部、地质矿产部、邮电部情报所以及北京文献服务处等单位也分别从国外引进一些机读文献数据库,并开始了检索和服务工作。

(2)从国外引进计算机和情报检索软件,利用国外引进的文献磁带进行 SDI 服务。

(3)开通国际联机情报检索服务。1980 年 3 月,由建研院情报所牵头,与国家一些部级情报所通力合作,在香港装设了一台 DTC–382 型计算机终端,通过香港电报局,连接国际通讯卫星 TYMNET 和 TELENET 网络,与美国的 DIALOG 和 ORBIT 系统联接,向国内提供检索服务。

在此期间,国内一些计算机应用单位也开始了图书馆自动化软件的编制和试用工作,如中科院图书馆、清华大学图书馆、武汉大学图书情报学院等一些单位都开始了自编图书情报应用软件的尝试和试用工作。

3. 开发应用阶段(1983 年以后)

1983 年以后,微型计算机以其高的性能价格比在我国得到广泛应用。1984 年以后,随着大容量存贮技术与微型机相结合,打破了只有网络化才能实现资源共享、联机编目的格局,这对地域广阔、通讯条件差、财力和技术条件有限的我国来说,将给图书情报自动化发展带来新的生机。同时,我国国产微型机的生产也相应地有了很大的发展,计算机汉字信息处理技术基本上走向实用阶段。

在上述技术背景下,图书情报自动化软件的开发和应用有了飞跃的发展。到了“七五”规划后半期,我国的图书情报现代化已走向实用阶段。其表现为:

(1)信息处理标准化建设有了初步发展,正式颁布的标准有近 30 个。中国机读目录(CNMARC)标准也正式公布。有了这种标准,各种书目记录就可以机读形式同其它国家书目机构之间进行书目信息的交换,并可在国内图书情报部门进行书目数据的交换。

(2)建库与联合编目。要建立图书情报自动化系统并使其投入实用,关键的问题是书目数据库的建设。过去,国内许多单位在开始使用计算机进行图书情报自动化工作时,由于偏重于软件的研制而忽略了书目数据库建设工作,从而导致许多初步投入实用的系统半途夭折。建立书目数据库是一项复杂而又繁重的工作,一个单位或部门是难以承担和坚持下去的。根据我国的实际情况,1988 年起,北京图书馆开始研制 CNMARC 目录,并于 1989 年底开始发行包含 1989 年以后的我国正式出版的书目文献记录数据磁带和软盘。

1989 年,深圳图书馆和湖南、南京、黑龙江省、汕头大学等图书馆合作进行建库工作,经过二年多时间,到目前为止,已完成回溯建库(从 1985～1989 年的书目数据)6.5 万条记录,并开始以光盘形式向国内用户提供。同时在高校系统也有由 20 个大专院校参加的回溯建库项目工作正在进行之中。

在此期间,北京大学图书馆、中科院图书馆、北京图书馆等还进行了计算机联合目录的发行等一系列工作。

(3)我国的书目文献数据库进入国际检索系统。近年来,继中国专利数据库进入 WPI,中国机械文摘数据库已进入 ORBIT 系统以后,中国高等学报文摘数据库也进入了 DIALOG 系统。中国自建文献数据库进入国际检索系统是我国数据库产业走向世界的重要标志。

(4)联机检索服务有了新的发展。我国自 80 年首次开通国际联机情报检索业务以来,现已发展到国内 40 多个城市,设置终端 100 多个,通过国际卫星通讯线路,分别与 DIALOG、ORBIT、ESA/IRS、STN、BRS 等 12 个国际大型情报检索系统联机。北京文献服务处、中国科技情报所等单位通过在国内设立专线联机终端方式向国内广泛提供检索服务。由上海交通大学、复旦大学、上海市情报所等单位联合建立的上海地区科技情报检索网是我国第一个自行设计的图书情报分布式数据库联机网络,现已正式向上海地区提供服务。

(5)光盘数据库的引进与服务。截至 1990 年底的不完全统计,全国已有 170 多个单位购买 370 余种 CD – ROM 光盘数据库,用微型机提供书目检索服务,深受用户欢迎。同时,在引进光盘后,我国科技人员及时跟踪国外先进技术,开展了光盘图像存贮与输出的研究。如北京海威电气公司于 1989 年研制成功光盘图文存贮与检索系统,利用微型机及配上扫描仪、激光打印机等外部设备后,可对指纹、照片、印签、手稿、图表、地图和乐谱等信息进行存贮、传输、复制以及显示输出，也就是说，可以对不可编码信息进行自动录入、存贮和输出，从而实现了全文存贮与检索。

（6）图书馆自动化集成系统的研制与应用。图书馆自动化系统由单功能向多功能的发展是系统走向实用的结果。1985 年以后，国内有人开始进行图书馆自动化集成系统的研究，到目前为止，已经有不少集成系统开始走向实用阶段。这些系统，大致可以分成三种类型：

①在小型机上开发的集成系统。如上海交通大学、上海空军政治学院在 HP3000 和 IMAGE 数据库管理系统上开发的集成系统。

②采用超级微机的集成系统。如由深圳图书馆承担文化部下达的任务，并组织全国部分公共图书馆参加联合研制的 ILAS 图书馆自动化集成系统，就是在超级微机 IBM 386 和 IBM 486 上的 UNIX/XENIX 操作系统下开发的通用图书馆自动化集成系统，目前已在国内大量推广与应用。

③采用微机网的集成系统。如深圳大学、广东中山、东北电力学院、福建师范大学等图书馆已投入使用的集成系统。

回顾历史，我们已经取得了很大成绩，从全国来看，图书馆应用计算机的技术已经成熟，一支作为图书馆应用计算机的科技队伍已经组成，图书馆自动化系统已初具规模，建立全国书目数据库的工作基础已经打好，图书馆应用计算机的局面已经出现。

可以预料，随着微电子技术、光盘技术、通讯技术和智能计算机的发展，图书馆自动化系统的模式由分散式的建库和微机管理系统发展到以通用的大型书目数据库支持和自动化集成系统以后，必然导致网络化、CD－ROM 出版物和电子出版物的不断增加，图书馆自动化将迎来一个新的时代。

第三节 图书馆自动化的概念、内容及特点

一、图书馆自动化的概念

图书馆自动化就是以计算机为主体,与通讯系统等现代技术相结合,对图书馆工作的各个环节实行程序控制下的自动管理的全过程。

以上定义虽然不是唯一的,但比较客观地反映了图书馆自动化的实质、对象和目的,具有一定的代表性。图书馆自动化是随着计算机技术的发展而出现和建立起来的,因此,也有人说:图书馆的计算机化即图书馆自动化。

建立图书馆自动化系统的目的,就是采用计算机及其配套设备,完成图书馆工作中各种信息的输入、存贮、加工、传递和使用,从而提高图书馆的工作效率。

图书馆自动化与图书馆现代化是两个不同的概念。图书馆的现代化不仅只采用计算机等先进技术设备使图书馆各项工作自动化,而且包括图书馆组织的系统化、网络化,图书馆藏书的现代化,图书馆工作人员知识的现代化,图书馆管理现代化以及图书馆技术标准化等项内容。当然,图书馆自动化是图书馆现代化的主要内容之一。没有图书馆自动化,也就没有其它各项工作的现代化。

二、图书馆自动化的内容

图书馆应用计算机主要是进行书目数据自动化管理和图书馆事务处理两个方面。一般包括以下的基本子系统:

1)采访子系统;

2)编目子系统;

3）联机检索子系统；

4）流通子系统；

5）连续出版物管理子系统；

6）图书馆管理信息子系统。

……

建立能完成这些子系统功能的计算机系统是图书馆自动化的主要研究内容。此外，电子计算机与缩微技术相结合可以输入和输出缩微胶片和胶卷，与声像资料数据库相结合，形成声像资料联机数据库，与现代印刷技术相结合可以建立计算机自动排版印刷系统，与通讯技术相结合，实现图书馆网络化和文献资料共享，等等。

随着现代科学技术的发展，图书馆自动化的内容会更加丰富，图书馆现代化技术体系也将更加完善。

三、图书馆自动化的特点

先进的计算机技术引进到传统的图书馆工作中，计算机的处理方法同图书馆工作内容相结合，使图书馆自动化系统形成了一系列特点。

1. 新技术的综合利用

计算机应用到图书馆工作中，同其它技术相比，主要不同点在于，计算机能够代替人而具有指挥、判断和控制能力，因此它能在图书馆各项新技术应用中，起到核心作用。如图书馆自动化系统与各种输入输出设备、印刷排版设备、图书传送设备、声像资料处理系统连接到一起，可以自动控制和综合利用其它系统资源和设备，以带动图书馆现代化的发展，促进图书馆现代化工作进程。

2. 系统工程

图书馆自动化系统，不只是变革图书馆工作的某一个局部，而是变动全局。要建立一个图书馆自动化系统，首先就要把计算机技术与图书馆业务联系起来,构成一个综合应用体系,而不是单独处理图书馆的某些部门的业务流程。因而要从整个图书馆机构设置、藏书情况、业务流程、读者情况、设备条件、人员素质、经费情况等进行全面的分析,必须把建立系统作为一个系统工程来对待,要进行周密的系统调查、系统分析、系统设计,最后才能进行系统实施与评价工作。而且每一阶段都要采用系统工程学中提供的科学方法进行,并通过一系列计量方法得出具体的指标数据,以便实施方案,最后才能研制出一个理想的应用系统。

3. 集中与协作处理

图书馆自动化系统的发展趋势,就是集中化与协作化。由于各个图书馆藏书的专业化与共用性,读者范围的社会性,各图书馆内部工作的重复性,决定了这一发展趋势。

由于计算机的强大能力,单独一个单位或一个部门使用会造成很大浪费,多个单位集中共用,会事半功倍。在计算机应用中所需的人力,物力和财力,一个单位极难承担,多单位协作是非常大的节约。象书目数据库建设工作,往往靠一两个单位或少数几个人是无法完成的,必须依靠相互协作,去共同完成。特别是计算机网络出现以后,已使这种集中与协作达到前所未有的水平。

4. 资源共享

建立图书馆自动化系统,可以使图书馆数据资源和设备得到充分利用,特别是在联机处理系统和网络系统中,设在各处的终端均可随时访问系统,利用系统的数据资源和设备,以达到充分共享资源的目的,提高计算机的利用率。

5. 高效率

计算机具有极高的运算速度和逻辑判断能力,一般每秒钟能完成几百万次、上千万次运算,而且其存贮装置具有惊人的记忆能力。因而系统能轻而易举地实现快速分类、快速查询,并进行各类运算和提供各类报表。当实现图书馆自动化后,可以成十倍、成百倍地提高图书馆的工作效率,减轻图书馆工作人员的劳动强度,提高服务质量,使图书馆出现一个崭新的面貌。

6.数据一次输入综合利用

根据计算机的存贮与输出特性,使图书馆自动化过程中能实现一种输入多种输出,一次输入多次利用,一处加工多处使用,一种方式加工多种方式应用。同时,计算机的多种输出载体、多种输出形式和多种输出方式,能灵活地满足人们对图书馆工作的多种类型、多种形式、多种用途的需要。而且从服务内容和服务方式上均可达到前所未有的高度,成为符合时代技术水平的最佳服务。

第四节　图书馆自动化对传统图书馆的影响

图书馆实现自动化,将使图书馆各项工作发生很大变化,会对图书馆产生一系列深刻的影响。概括起来,主要体现在以下几个方面。

一、图书馆的地位和作用的变化

随着图书馆自动化系统大量地走向实用阶段,图书馆的地位将越来越高,作用会越来越大。这是因为在"信息社会"里,人们对知识的需求量将越来越大,而传统的图书馆服务方式根本适应不了人们对知识和科学技术信息的需求。一旦图书馆实现自动化,人们就可以充分地利用图书馆的技术和设备,通过高速信息传递等方法,获取所需的知识,以满足自己的信息需求。同时,图书馆的自动化系统还可以通过多种途径和方式,快、全、准地给人们提供大量有科学价值的情报,满足人们对信息的需求,并为人们提供一系列优良的服务。这样,人们会觉得图书馆的作用越来越大。

二、图书馆工作手段的变化

计算机在图书馆的应用,为图书馆工作手段的革命创造了条件。图书馆自动化系统能实现快速的传递,使信息交流的时间大大缩短,速度加快,从而使整个图书馆各个业务环节协调起来,构成一个完整的、高效的信息系统。特别是高密度存贮技术和网络技术的应用,将使传统图书馆的工作手段产生一次根本性变化。

三、图书馆存贮载体的改变

图书馆自动化系统运行后,图书信息的存贮载体将发生根本的变化,传统的纸质存贮载体,将被磁带、磁盘、缩微胶片和光盘等新型存贮载体所代替。相应地,馆藏目录卡片体系将被机读目录体系取代。原来使用的各种订书单、借书条、书签、读者证等都将被改变成计算机内部文档或新的机读形式。

四、图书馆服务方式的改变

由于存贮载体和管理方式的变更,为信息的传递开辟了范围更广、精度更高的多种新的信息渠道。图书馆要把各种载体上的信息传递给读者,相应地就得采用一系列新的服务方式,如读者可以利用阅览室的计算机终端,直接访问数据库,浏览各种文献,甚至可以在办公室或家庭安装的终端上通过联机网络使用系统中的数据资源。传统的手工登记借还图书方式将采用条形码输入与识别等先进的技术代替。这样,图书馆原来那种馆员给读者直接提供服务方式将改变成人机交互方式或远距离联机会话方式,图书馆的"封闭型"服务方式将改变成"开放型"服务方式,"被动"服务方式会变成"主动"服务方式。

五、图书馆工作人员知识结构的变化

随着计算机的应用,图书馆工作人员要不断调整自己的知识结构,如需要掌握一定的计算机等现代技术方面知识,掌握系统的使用方法,并充分发挥系统的作用,提高工作效率。

除了以上几个主要方面外,图书馆自动化系统的应用,还将改变图书馆的藏书结构、不断提高图书信息的利用率,充分开发图书馆的信息资源,同时还将使馆际之间的联系方式发生变化。

第二章　书目数据库

第一节　什么是书目数据库

一、定义

数据库(database)是按一定要求存贮在计算机中的相互关联的数据集合。如工商名录数据库、电话号码数据库、地方文献数据库、化学术语数据库、财经数据库、化合物结构数据库、数学公式数据库、贸易公司数据库、企业家数据库等等。定义中"相互关联的数据"是指存贮在计算机中的是相同主题内容的数据,而不是无关的数据。"按一定要求"是指存贮在计算机中的数据不是杂乱无章的,而是对数据项目的数目、内容、著录方式和格式都有较严格的、一致的要求。

上述定义是狭义的数据库定义。广义的数据库定义不仅指数据本身,而且包括在计算机中存取、管理和处理这些数据的软件,称为数据库管理系统(DBMS)。目前比较一致的看法是,单提"数据库"时,就是其狭义定义,专指数据的集合;而将广义的定义,即包括数据集合与 DBMS 两者时,称为数据库系统(DBS)。

书目数据库,顾名思义,是按一定要求存贮在计算机中的相互关联的书目数据集合。如中文图书书目数据库、物理书目数据库、深圳图书馆馆藏书目数据库、1990 年广东版图书书目数据库、人民出版社出版图书书目数据库等等。

数据库是60年代出现的,先是在学术界而后80年代扩展到整个社会成为极为风行的名词。未来,随信息社会的发展,"数据库"这一名词将会家喻户晓,妇孺皆知。对于图书馆来讲,随图书馆自动化的发展,"数据库"将会同图书、书目一样成为最基础的、最常用的名词。因为,未来图书馆的藏书,不仅藏书目录、各种书目要输入计算机变为书目数据库,而且随全文数据库和光盘的迅速发展,图书馆的一些藏书也将变为数据库,国外专家讲的"无纸的社会"、"无纸的图书馆"含义即在此。

但是,世界上最早的书目数据库却不叫数据库,而称为机读目录(Machine – Readable catalog – MARC)。全世界第一个机读目录是美国国会图书馆发行的 LCMARC,就称为机读目录,而不叫书目数据库,其原因主要在于"数据库"名词尚未通行,况且书目库初从手工目录脱胎而出,称为"机器可读目录"更加形象、贴切,因此"机读目录"这一名词很快作为图书馆自动化的象征,在全世界的图书馆界流行开来。

机读目录的定义是,以代码形式存贮在一定载体上的、利用计算机识读与处理的图书目录。它与书目数据库是同义的。目前发达国家均有自己国家的机读目录。

二、文献、事实、数值和术语数据库

一般将数据库划分为三种类型:即文献型、事实型和数值型。三种数据库同图书馆工作均有相当大的关系,因此简要介绍一下。

1. 文献数据库(document database)

文献数据库是按一定要求存贮在计算机中的相互关联的文献信息集合,简言之,就是各种机读的文摘、索引、书目和文献全文。

文献数据库产生于60年代初,随文摘索引采用计算机和文献全文排版,作为其副产品而问世,如最早的1964年开始发行的《医

学文献分析与检索系统》(MEDLARS)数据库,就是美国医学图书馆《医学文摘》的机读版;另外一个较早的是世界最大的文摘杂志——美国《化学文摘》(CA)的机读版《化学文摘数据库》(CA-CON)。

全世界的文献数据库发展很快,从 1965 年的 20 个发展到 1982 年已达 762 个商用数据库,几乎覆盖了主要国家的所有文献。文献数据库分为四种类型:

·书目数据库(bibliographic database):存贮每种图书的主要著录事项,有的还包括提要,如中文书目数据库。

·文献数据库(document database):存贮每篇文献的主要著录事项,有的还包括文摘或简介,如生物文献数据库。

·全文数据库(full – text database):存贮文献或图书全文,如法规数据库。

·书目相关数据库(bibliographic related database):仅存贮索引词和文献号,不存贮其他书目信息,如美国的《Chemical Titles》。

2. 事实数据库(fact database)

事实数据库是按一定要求存贮在计算机中相互关联的某种事实、知识的数据集合。这类数据库如人才数据库、商品数据库、公司数据库、化学物质毒性数据库、化合物结构数据库等。

3. 数值数据库(numerical databank)

数值数据库是按一定要求存贮在计算机中相互关联的数值数据或数值化了的数据集合。数值数据是用数字(0 ~ 9)或数字辅以某些特殊字符表示的数据,如(7, 14, – 22),41,09,4M,2.977 + 5等。

这类数据库如人口普查数据库、气象预报数据库、银行存款数据库、统计数据库等等。

4. 术语数据库(terminological database)

术语数据库是按一定要求存贮在计算机中相互关联的术语及

其有关资料的集合。这类数据库如土壤力学术语数据库、红楼梦用语数据库、英汉物理学词典数据库等。

三、数据库对图书馆自动化的意义

1. 书目数据库是图书馆自动化的基础

书目数据库是图书馆自动化的实质内容和处理对象,有如生产力三个实质性因素中的劳动对象,其重要性可想而知。仅有软件与硬件而没有数据库,自动化是无米之炊。对自动化来讲,要求书目库一要标准化,保证数据库的一致性,否则不能馆内外资源共享;二要全,保证数据库的完整性,否则无法查重和全面使用。

国外图书馆自动化建设的规律是先打基础,即先建书目库,而后再筹划设备。美国在自动化之初,先由国会馆生产出 MARC,在此基础上,各馆用 MARC 才将自动化搞起来。这一经验应很好记取。

2. 各类数据库是图书馆自动化进一步发展的服务内容与方向

随硬件、软件与其它信息技术的突飞猛进,图书馆自动化技术会相应飞速发展,从而促进自动化的服务效率大大提高;但是,真正决定图书馆自动化服务内容与服务方向的是数据库。除书目库外,文献、事实、数值和术语等数据库的编制与投入服务,将会进一步深化与扩大图书馆自动化的服务内容和方向。未来,一个图书馆拥有开展服务的数据库的多少、大小和质量,将决定其自动化的发展水平,同时也就决定了图书馆的服务水平。

3. 建立和使用各类数据库是图书馆员的基本功

图书馆所用各类数据库的来源,不外自建与外来(购入、租用、赠送)两种途径,而不管哪种来源的数据库,都需要图书馆员来操作并提供给读者服务。有的外来数据库,还要求各馆追加数据,以使数据更加全面与新颖。因此,了解、编制与使用(当然在计算机上)各类数据库,必然成为已实现自动化各馆图书馆员必须掌握的基础知识和基本技能,从而成为基本功。这样,一个图书馆的图书馆员使用数据库的普及程度与技能水平自然成为该馆自动化水平的重要标志。

第二节　从手工目录到机读目录

一、二进制、位、字节、字

国际上通用的记数方法是十进制记数法,它是以 10 为基数的记数制,每一数位用 0 到 9 表示,且逢 10 进 1。可以有许多记数法,如十二进制、十六进制、六十进制以及八进制、二进制等。计算机使用二进制记数法。二进制记数法是以 2 为基数的记数系统,每一位数用 0 或 1 表示,且逢 2 进 1。

在二进制记数系统中,表示每个数位的符号,即 0 或 1,称为二进制位,简称位。英语二进制位是 binary digit,简写成 bit,音译成中文为比特。比特是量度信息的单位,二进制的一位包含的信息量称为一比特。

计算机采用二进制,只有 0 与 1 二个状态,但是在数值计算与数据处理中,有许多数字、字母和符号,二进制的计算机怎样表示它们呢? 这里就引出了字节这个概念。

字节,英语为 byte,是指作为一个单位来处理的一串二进制数位,所以又称为位组或二进位组。例如,4 位、6 位或 8 位,最常用的是 8 位二进制数作为一个字节。这样,一个字节如果由 8 位二进制数组成,则有 8 个 0 或 1 组成位串,这是表示数字、字母和符号的基础。

在计算机中,作为一个单元的一组字节,存放在一个存贮单元中,称为一个机器字,或简称字(word)。字的二进制位的位数称为字长,有 8 位、16 位、32 位、36 位、48 位、64 位等。如果 8 位为一个字节,则一般的 32 位字长的机器字中,有 4 个字节;48 位则有 6 个字节等。

二、编码与字符集

1. 编码

编码,也称代码,英语为 code。在数据处理中,编码是指用一定数目的二进制位来表示数字、字母、符号以及文字,并能为计算机所接受。

数字,通常指自然数,从 0 到 9 有 10 个。字母,指拼音文字的字母,依文字的不同,其个数相异。英语有 26 个字母,区分大小写则为 52 个。符号,指标点符号以及其他供标识用的符号,其个数因需要而不同。文字,在这里是指非拼音文字,如我国的汉字、日本的假名等,其数量多少不一,多者几千几万个。

通过编码,计算机能识别的这些数字、字母、符号和文字,在数据处理中通称为字符(character),编码的实质是为字符编码。

怎样进行字符编码呢?很简单,在一定数目的二进制位中,二进制位 0 或 1 不同个数,以及相同个数的不同排列位置,就能区分和表示多种字符。所谓"一定数目的二进制位",是指每种编码必须首先确定出该编码所用的二进制位的数目,一经确定就不能随意更改,因为每种编码的二进制位数是固定不变的。例如,五单位码,是指用五个 0 和 1 组成的编码;八单位码,是指用八个 0 和 1 组成的编码;"十中取一"码,是指用十个二进制位组成的编码。"0 或 1 的不同个数",是指在相同数目二进制位情况下,其中 0 或 1 个数的不同,可以表示不同的字符。

"相同个数的不同排列位置",是指在相同数目二进位情况下,0 或 1 的个数相同,但排列位置不同,也可以表示不同的字符。

由于文字的不同以及文字虽同但编码方法不一样,目前有许多编码方法。常用的罗马语种编码有六单位的 BCD 码,美国 CDC6000 系列机上用此代码,它有 48 种字符的编码。国际上通用的八单位码为 EBCDIC 码,有 63 种字符的编码。美国通用的是八单位的 ASCII 码,有 69 种字符的编码。

计算机常用的是八位一个字节,这刚好同八单位编码相一致,计算机内一个字节,存贮一个编码的字符。一般情况下都是这样,但汉字编码就不行了。

一个编码的汉字,也可称为一个字符。由于汉字种数太多,八单位码表示 256 种字符,显然是不够用的。为此,目前大都采用十六单位编码,用十六个二进制位表示一个汉字。这样,$2^{16}=65536$,可以编出六万五千多个字符。十六单位刚好是两个字节,处理方便,所以多称为双字节码。

近些年来,许多人在研究汉字编码,有多种方案。1981 年 3 月底在我国南京召开的国际标准化组织(ISO)第 46 技术委员会(TC46)第十九届会议上,我国公布了国家标准《信息交换用汉字编码字符集》,这使我国的汉字信息处理工作前进了一步。1981 年 2 月中旬,在一次汉字信息处理会议上,我国台湾省也公布了一种汉字代码,称为《中文资讯交换码》。

2. 字符集

为了某一目的(为一种文字或一种用途)而设定的一组互不相同的字符,称为字符集或字符组(character set)。1980 年我国公布了《信息处理交换用的七位编码字符集》(GB1988－80)。

国际上已经为两种文字的字符集确定了国际标准,即《拉丁文字字符集国际标准》(ISO5426)和《希腊文字字符集国际标准》(ISO5428)。目前国际标准化组织正在为下列一些文字确定标准的字符集:希伯来字母字符集、阿拉伯文字字符集、非洲文字字符集、西里尔字母字符集等。

有了标准的文字字符集,对数据处理的规范与通用,是十分必要的。为了搞汉字信息处理,我国也规定了汉字字符集的国家标准,即 GB2312－80《信息交换用汉字编码字符集(基本集)》。

不仅为文字规定标准字符集,而且为了某一特殊用途也可以规定专门的字符集,如已提为国际标准草案的《数学用字符集》和《书目用控制字符集》,某一计算机或某种计算机语言,也都规定有可用的字符集。

规定字符集是编码的前提,字符集确定了,就可以为字符集内的各字符编码了。

三、从图书情报传统形式到机读形式

1. 图书情报信息

对图书情报工作来讲,凡是由各种各样数据所表示的有关图书情报工作内容的信息,都可以看作是图书情报信息。

图书情报信息大体上分为三个方面:

①文献信息:文献是图书情报工作的处理对象,是图书情报工作的资源。

②用户信息:也可以称为读者信息,但随着文献范围与图书情报工作的扩展,"读者"这一概念已被突破,代之以"用户"这个概念更为确切。用户是图书情报工作的服务对象,是图书情报工作好坏的评价者。

③图书情报工作的管理信息:图书馆与情报机构作为社会发展与分工的产物,图书情报工作的管理有自身的特点,这是图书情报工作的保证。

从图书情报工作应用计算机来讲,主要涉及的是文献信息。因之我们下面以文献信息为主进行讨论。

凡是有关文献的情况和知识都是文献信息。

2. 从文献信息的传统形式到机读形式

在图书馆自动化方面有卓越贡献的美国国会图书馆,为了应

用计算机,在 60 年代初期,就邀请一些公司和专家,研究图书馆应用计算机的起步问题。1964 年得出结论,要"用机器可读形式记录国会图书馆的书目数据"。以此为基础,1969 年 3 月,美国国会图书馆研制成功并正式发行影响深远的 MARC 磁带。可见,把传统形式的文献信息转换为机读形式,是计算机化的关键一步。

对文献的一个个体来讲,如某一篇文章,某一本书,从不同的角度关心的是不同的属性,且文献每个个体的属性是很多的。从图书情报工作来讲,我们关心的是反映文献内容和形式特征的那些属性,这些属性在图书情报工作中叫做著录事项,也称为数据项目。例如篇名或书名、责任者及其所在机构、文献类型、语言、文献物理描述(页数、开本等)、文献出处、出版事项、主题、文摘以及文献可获得性等。每个著录事项由项目名(属性名)与项目值(属性值)二部分组成。例如责任者项是项目名,而某一个具体责任者如 Smith,则为项目值。

每篇文献都具有许多属性,通过这些属性就可以描述文献个体,但是图书情报工作中取用的著录事项都是与图书情报有关的属性。进而,图书情报工作的不同部门不同需要,选取的著录事项也不相同。无关的项目不必也不应选用。

因此,个体的描述是由属性值的集合构成的。对文献来讲,文献个体的描述称为款目。款目是有关著录事项的集合,这些著录事项的项目值能使该个体在文献整体中唯一,以便能同其它文献个体相区别,这是款目的唯一性特点。

款目与著录事项都是文献信息的单位,而款目是文献信息的基本单位,一个款目能唯一地确定与识别其所表示的文献个体。许多款目按著录事项(标目)的某种顺序排列起来,就构成了多种目录与索引。各种目录和索引是文献个体的有序集合,反映了某类文献整体。这些组成了图书情报工作最基础的知识。怎样将这些传统形式的文献信息转为机读形式呢?

首先要了解什么是机读形式。所谓机读形式,即指机器可读形式(machine - readable form),是指可以输入到计算机中计算机能识别与处理的数据编码形式。例如,穿孔纸带或穿孔卡片上的数据,已输入到机器中的编码形式的数据,都是机器可读形式;而手写的字体,目前则一般不是机器可读形式。

传统的文献信息转为机读形式,必须将描述文献信息的文字或图形,通过某种方式,转换为机器可读数据。这里讲的某种方式,是指通过穿孔机将手工的文献信息变为编码形式的穿孔卡片或穿孔纸带,或者通过终端转为编码形式直接输入计算机中。这就需要大量的变换和输入工作。

3. 字段、记录、文件

输入到计算机中编码形式的数据,如何表示文献信息和其单位呢? 输入到机器中的编码数据,每个都是由八位的 0 与 1 组成,许多数据在机器中形成了一大长串 0 与 1,计算机怎样识别区分文献信息单位和具体的某个篇名和责任者呢?

原来,输入到计算机中的文献信息,也同样区分信息单位,且区分方式同于手工,但由于机器的特点,区分与识别办法必须同机读形式相适应。

①字段:手工文献信息中的著录事项,在机读文献信息中称为字段(field)。例如篇名字段、责任者字段、分类号字段、主题字段等。根据需要每个字段还可划分为若干个子字段(subfield)。例如,出版字段可分为出版地子字段、出版年子字段和出版者子字段;责任者字段可分为责任者姓名子字段、生卒年子字段、责任方式子字段等;主题字段可分为主题甲子字段、主题乙子字段……。

字段是反映文献属性的基本信息,因此对文献的处理起着极为重要的作用。字段的划分,不是一成不变的,可以根据系统与用途的不同,采用不同的划分字段和子字段方式,但基本原则是相同的。

②记录:对图书情报工作来讲,记录(Record)指以机读形式存贮的描述一篇文献的款目。换句话讲,将描述一篇文献的款目转换为机读形式,就形成了一条记录。在手工文献信息中,款目是一篇文献的著录事项的集合;在机读形式中,记录是一篇文献的字段的集合。

记录中的每个字段均有一个字段名和一个(也可多个)字段值组成。

这样,记录、字段和子字段之间构成了一个分级树型结构。

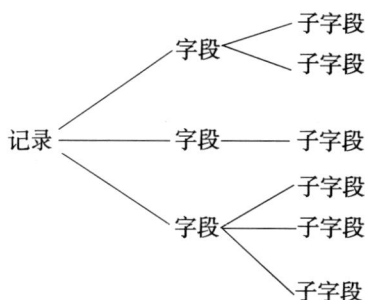

③文件:相关记录的集合叫做文件(file),从图书情报工作来看,文件是指以机读形式存贮的文献目录。在手工文献信息中,目录是许多相关款目的有序集合;在机读形式中,文件则是许多相关记录的有序集合。

四、字段、记录与文件的机器识别

机读文献信息与手工文献信息之间的差别之一,在于后者的许多信息是隐含的,而前者必须全部是明显的。这种差别的原因在于识别方法不同,一个是由人识别,一个是由计算机自动识别。人们看一张目录卡片,不用标记,就很容易能认出篇名、责任者、出版事项、语言种类等,因此相应的指示信息可以不必指出而隐含了。但计算机却没有人的这种识别和判断能力,需要将手工隐含的信息一一清楚确切地标识出来。指出文件、记录与字段从哪儿开始,到哪儿结束,并且还要指明信息含义,哪个是书名字段,哪个是语种字段等。

为了解决上述问题,计算机主要采用三种识别方式:格式结构、长度规定与标记符号。

①格式结构:格式结构主要指记录内部的字段安排。如记录内部是否划分为区,每个区都包括哪些字段,各个区的排列顺序;记录内各个字段的数目和排列顺序,这种数目和顺序是固定的还是可变的,如果是可变的要规定允许变化的范围。

②长度规定:采用这种方式,计算机按事先规定的字段或记录的固定的字符数来识别字段与记录。主要有固定长字段与可变长字段两种类型,记录长度是随字段长度的规定而变化。

固定长字段是指预先确定字段的字符数,不能变动。如规定书号字段是 10 个字符,责任者字段 20 个字符,语种字段 3 个字符等。预先规定好了以后,任何记录都必须采用规定的字段长度。固定长字段机器处理简单,方法容易;缺点是原始数据为了符合规定,或者长于规定而削足适履,或者短于规定而浪费存贮空间,极少刚好合适。这一缺点,对文献信息更为明显。

可变长字段是指字段的字符数量是可变的,不预先规定固定的字符数,最多规定数量界限。这符合文献信息特点,但处理困难,方法也比较复杂。通常是采用固定长与可变长相结合的做法。

如果记录中字段个数和其长度固定,则记录的总字符数也是固定的,称为固定长记录;如果记录中字段个数或其长度不固定,则记录的总字符数也不是固定的,称为可变长记录。对文献信息来讲,基本上都是可变长记录。

③标记符号:为了识别目的而附加在数据项目(或记录、文件等)上面的一个或几个字符,从而能标明与识别这个项目,叫做标

记符号。文件、记录与字段、子字段都要使用标记符号。

用于识别和区分字段的一组（或一个）符号叫字段标识符。用于识别和区分子字段的一组符号叫子字段标识符。用于标记数据项目结束的叫终止符,有字段终止符、区终止符、记录终止符和文件终止符等。有时还规定有描述字段内容含义和进一步信息的指示符号。还有些为特殊用途规定的特殊标记符号。

固定长记录因为各字段长度固定,因此记录长度也固定,可不用标记符号;而可变长字段与记录则必须使用标记符号。

格式结构、长度规定与标记符号相结合使用,就使在手工文献信息中隐含的内容完全明显化了,使计算机能够很容易识别与区分、查找信息。

在上述三项规定基础上,就可拟定各种机读目录格式。

第三节　书目数据库的标准化

一、书目数据库标准化的内容和意义

每个书目数据库都需要规定一定数目的字段,有的字段还要设置一定数目的子字段,每个字段和子字段的内容和标记符号都要有一定的规定,整个书目库要确定相应的格式。每一书目库均由上述的字段（子字段）与其标记符号设置、字段内容和格式结构这三项内容所组成,其中每项内容都涉及到标准化问题。

所谓标准化就是以国家标准或国际标准的形式,对有关方面做出共同遵守的科学、合理的统一规定。

书目数据库标准化的意义在于:

①有助于国际或全国的文献资源共享。为做到资源共享,在手工编目时就需要标准化,而对机读目录来讲,标准化则是其生

命,它是网络化的前提条件,也是国际、国内文献编目成果互相交换的条件。

②有利于推进集中编目和合作编目的展开。很明显,有了共同的遵循才能集中,才能合作,目录才能共用。

③有利于一个馆内各工序的书目和各种类型文献的目录互相之间的协调、统一和共享。

在书目数据库建设中,除标准化,还常常同时提到规范化。它同标准化具有同样的意义,不过不像标准化那样是法定的;或因内容特点,或因还不成熟,因而没有标准的形式,但同样是需要共同遵循的统一规定。如责任者名,为在书目中对同一责任者的多个名字作出统一规定,选取一个名字作为规范名,其它名作为参见,从而形成机读目录中的责任者规范文档(authority file)。

二、文献著录标准化

文献著录是指在编制文献目录时,对文献内容和形式特征进行分析、选择和记录的过程。

1. 文献著录总则

这是针对各类型文献共同特点而制定的关于文献目录著录的基本原则、基本内容、基本格式、基本标识符号等项的规定。它是制定各类型文献目录著录分则时的依据,从而保证各类型文献著录的统一,如《国际标准书目著录(总则)》,简称 ISBD (G)。

1983 年,我国国家标准局发布了国家标准 GB3792.1–83《文献著录总则》,这是为建立和健全我国统一的文献报导、检索体系,开展国际文献目录情报交流,更好地开发和利用文献资源而制定的。它规定了著录项目、著录项目和著录内容标识符号、著录格式、著录详简级次、著录用文字、著录根据、著录项目细则等,以供制定各种文献著录标准的依据。

2. 文献著录分则

在总则的导引下,有多个文献目录著录分则,其中每个都是针对具体特点而制定的关于某一类型文献具体的著录原则、内容、格式、标识符号、规则等项的规定。分则只适用于某一类型文献,而不适用于其他类型文献,如《国际标准书目著录》(连续出版物),简称 ISBD(S),就是分则,是著录连续出版物的标准。

继《总则》之后,我国国家标准局也于 1985～1987 年发布了几种文献类型的著录分则,它们是《普通图书著录规则》(GB3792.2-85)、《连续出版物著录规则》(GB3792.3-85)、《非书资料著录规则》(GB3792.4-85)和《档案著录规则》(GB3792.5-85)、《地图资料著录规则》(GB3792.6-86)及《古籍著录规则》(GB3792.7-87)等,均收集在《文献工作国家标准化汇编》(二)和(三)。

三、分类、主题与各种代码的标准化

1. 分类的标准化

分类的标准化包括选用分类法和分类标引规则两方面。

分类法是图书馆分类图书的工具,是每个数据库中必备的项目(字段),必须标准化。《中国图书馆图书分类法》(第三版)目前是公认应统一使用的分类法,起到了标准分类法的作用。《中国图书馆图书分类法》(儿童图书馆·中小学图书馆版)同"大型法"(三版)在类目上有相当大的差异,这给分类的标准化带来了困难。深圳图书馆在建立少儿部藏书的机读目录时,对此采取了一定措施。为既使用标准的儿童图书馆分类法,同时又能同采用"大型法"分类的总馆藏书目录相协调、统一,对一种书标引了上述的两种分类号("大型法"用《简表》)。

在分类标引的广度与深度方面,机读目录有别于手工目录。在手工目录中,对于交叉类目的图书,一般不愿意多标类号,以免耗费人工和造成卡片目录的庞大;但对机读目录来讲,完全可免除

这些顾虑,可从多个角度反映图书内容,从而能从多个学科检索到同一本书。分类标引深度最好是标引到底。一者机读目录可更深刻、细化地反映图书的学科内容,另一方面,计算机采取"前方一致"办法,可以很容易从上位学科检索或灵活地截断到类号的任一级进行检索以供多种用途(如按某级类目的排架)。

2. 主题的标准化

主题的标准化也包括选用主题法与主题标引规则两个方面。

LCMARC 采用美国国会图书馆的标题表;我国目前均采用 1980 年科技文献出版社出版的《汉语主题词表》,它起到了标准主题词表的作用。

在标引规则方面,我国于 1983 年发布了国家标准 GB3860－83《文献主题标引规则》,它适用于依据各种汉语主题词表进行文献主题标引,《规则》中对主题分析、主题词的选定、主题款目、审校工作以及质量管理等方面制定了标准。

主题词表必然落后于现实,且卷册浩繁,修改期限很长,这产生了一个"新增词"问题。因此标引中对其要有明确规定。目前北京图书馆陆续发布新增词表可以采用。各馆一定不要随意加新增词,这权力只能属于编表者;实在需加新词时,可标引为"自由词"(同主题词不在一个字段)。采取自由词做法,既解决了检索问题,又不同主题词混淆,且自由词积累到一定时候可以为增加"新增词"提供依据。标引时对专有名词应尽量反映,这类词对提高查准率有极大影响。上述这些,都应在标引规则中详细规定。由此可见,统一的标引规则会有许多规定不到或不细之处,各馆相应制订"标引细则"是必要的,并且要累积成文本。如后来发现前面规定不合适,一定要统一更改。

3. 代码 1 的标准化

代码是代表某一事物的一种标记符号,如我国国家标准《人的性别代码》规定,男性代码为 1,女性代码为 2。代码的标准化便于读者辨别文献,更方便于计算机的存贮与检索。

文献工作标准化中常用的代码有:世界各国和地区名称代码、中华人民共和国行政区域代码、中国各民族名称的罗马字母拼写和代码、文献类型和文献载体代码、各国和各民族语种代码、机构代码、读者对象代码等等。上述的大部分代码都有了国家标准,可以遵循。但是,即使遵循某一标准,有时也需要有进一步的规定并列入"著录细则"中。如国家标准 GB2659 - 86《世界各国和地区名称代码》中对每个国家或地区规定了使用中任选的三种代码:拉丁字符两字符代码、拉丁字符三字符代码和阿拉伯数字三位数字码。使用它的时候需要选用一种并写入"细则"中,以供所有的人遵循。

当某种著录需要用代码但又没有标准时,也可建库前自己规定代码,并将所定之代码准确、详细地记入"细则"。这样,即使将来有了相应的国家标准,也容易进行转换;最怕的是代码使用混乱和不一致,那就难于弥补了。

1980 年以来国家标准局发布了一系列同文献工作有关的代码的国家标准,它们是:

- · GB2260 - 86　　　　中华人民共和国行政区划代码
- · GB2261 - 80　　　　人的性别代码
- · GB2659 - 86　　　　世界各国和地区名称代码
- · GB3304 - 82　　　　中国各民族名称的罗马字母拼写和代码
- · GB3469 - 83　　　　文献类型和文献载体代码
- · GB4880 - 85　　　　世界语种代码
- · GB4881 - 85　　　　中国语种代码
- · GB7156 - 87　　　　文献保密等级代码

四、书目数据库格式的标准化

书目数据库格式即机读目录格式,它是书目数据在机读介质上的表示和标识方法,包括机读记录的构成、各数据字段在机读介质上的总体安排及其内容结构。

机读目录格式分为两种:机读目录通讯格式和机读目录内部处理格式。后者是供系统内部处理书目数据使用的,可以随各系统的要求与软硬件不同而异;前者是系统之间交换机读书目数据时使用的,其基本功能是通讯,是数据交换。从两种格式可见,很明显,需要标准化的是通讯格式。

最早的机读目录格式是美国国会图书馆的格式,称为 US-MARC 或 LCMARC。依据这一格式,国际标准化组织 1973 年制订了书目信息交换用磁带格式国际标准 ISO2709 - 1973(E)。这个国际标准规定了机读目录记录的基本结构,适用于各种文献类型和语种,具有很大的灵活性,在世界各国得到了普遍采用,成为制订各国和各类型文献机读目录格式的基础。随后几年许多国家都制订了本国的机读目录格式,为了实现机读目录的国际交换,达到"国际书目控制",1977 年国际图联(IFLA)制订了《国际机读目录格式》(UNIMARC)。

北京图书馆自动化发展部根据 UNIMARC 格式制订了《中国机读目录通讯格式》,北京图书馆已发行的机读目录就是采用该格式,它同时亦是我国机读目录的交换格式。

《中国机读目录通讯格式》根据 ISO2709 - 1981 的规定,其总体结构为:

总体结构

记录头标区	地址目次区	数据字段区	记录分隔符

①记录头标区:固定为 24 个字符长。为记录处理提供某些基本参数。

②地址目次区:由若干目次项组成。每个目次项固定为 12 个字符长,包括字段标识符(3 个字符)、字段长度(4 个字符)和字段

起始字符位置(5 个字符)。各目次项按字段标识符排序。目次区最后由一个字段分隔符结尾。

③数据字段区:由一些可变长数据字段组成。除 001 字段由记录控制号和一个字段分隔符组成外,其余每个字段都有两个指示符,后接若干个子字段。每个子字段以一个子字段标识符开始,后接可变长的数据。每个字段都以一个字段分隔符结尾。每个记录都以一个记录结束符结尾。

可变长字段结构

指示符1	指示符2	子字段标识符	数据元素1	子字段标识符	数据元素2	……	字段分隔符

第四节 书目数据库建设

本章前三节介绍书目数据库的基础知识与技术,学习这三节的最终目的应是建设实用的书目数据库,本节对此将予以介绍。

一、书目数据库建设应具备的条件

1. 硬件

对书目库建设来讲,硬件条件没有什么特殊的要求,采用主机所带终端或单用户微机均可以,同时需配备打印机。建库人员或录入员终日坐在屏幕前,终端台、椅子要适宜,使形成有利于健康的坐势;屏幕显示有白、绿、黄三种颜色,可以进行选择;为保护工作人员的视力,可以选购滤光网。上述这些事情虽小,但对于每天坐在屏幕前的人来讲,却是大事,应该重视。

2. 软件

书目数据库建库软件主要包括数据输入、建库与输出三部分内容。一般很少仅仅编写建库软件,它往往是情报检索软件或图书馆编目软件的一个部分。但在系统未运行前,先有一个建库软件,开展录入建库工作,对有些馆是必要的,这样能使书目数据库建库工作走在前面,起到"兵马未动,粮草先行"的作用。

对于建库软件来讲,屏幕设计的适用与否是关键问题,它就是建库软件的用户接口,其好坏对建库速度、质量均有较大的影响(详见本节第三部分)。

3. 专业人员

书目数据库的编制者应是懂得手工编目、机读目录和计算机操作的专门人才,而且仅仅"懂"还不行,必须能够实干。很明显,这种人才应从现有的编目人员中培养,要重新学习机读目录、主题标引以及计算机操作。课堂学习时间不一定太长,只有通过较长时间的实践才能学会和掌握,实干当中才能逐步熟练。对于一个较熟练的手工编目人员,掌握机读目录知识并能运用,熟悉主题词表并能顺利标引,掌握计算机操作并能较快速用于机读目录的编制和数据录入,这一学习与实践过程,没有半年到一年的时间(因人而异)是不可能的。

以深圳图书馆的书目数据库建设为例,介绍一下书目数据库专门人才的培养问题。该馆的书目数据库建设开始于 1988 年 11 月的合作建库,最早选派两位编目人员同其他馆合作建库的人员一起,在北图国家书目组实地上课和实习半个月。白天听北图的专家讲课,晚上就在国家书目组就地实习。这种做法的主要好处是可以直接得到国家机读目录编制的"真传",从组织、作法、对国家标准的使用、著录细则到主题词表的使用、词的选择与组配、新增词(以及自由词)的使用等等,尤其难得的是对一些著录与标引中难于解决的问题的处理和方法,一些不经过大量实践就不可能总结出来的细则,这一切,不通过实地亲授和实践是无论如何也学习不到的。这两个人回馆后,通过几个月的实践和总结同合作建

36

库其它四个馆专业人员一起,制订了著录和标引规程及细则。1989 年和 1990 年,数据库组经过建库又培养出 9 位专业人员,当 1991 年初采购、编目与联机书目查询三个子系统上马时,已有了 11 位书目数据库建设的专业人员,由他们培训采编部 17 位编目人员。6 月,计算机部再培训读者工作部 33 名工作人员,使流通子系统取代了原来的光笔流通系统。随连续出版物子系统和参考咨询子系统、外文采编、特区文献库与少儿部采编的上马,陆续又培养出了一批专业人员。目前全馆 110 位业务人员中,有 70 多人能够在自己的工作岗位上使用计算机。但是,这一成果的得来,整整用了三年时间,而且在此之前还有 86 年就开始的流通工作全面应用计算机的基础。

介绍这一情况主要是指出,人才的重要和专业人才来之不易,要下大力气、进行较长时间的培养才行。

4.业务条件

主要有下列一些:

·收集机读目录的各种有关标准

·主题词表和分类法作为工具应准备齐全

·制定出"著录细则"和"标引规则"

·确定校对方式方法

·数据库的质量控制措施

·拟定组织管理办法

二、书目数据库建库模式

建库模式,也可理解为建库方式或路子,归纳起来不外下面几种:

·完全自建

·采用国家机读目录

·馆际合作

1. 完全自建库模式

这是指不采用任何外部来的书目数据库产品,完全靠本馆力量自建全部书目数据库。

对此有实例可供参考。深圳和南京等五个馆的合作建库,每馆承担馆藏的建库任务,平均 13000 条,几乎各馆均用一年多时间(平均 5 个建库人员和 2 个录入人员)才完成。可见,建库工作很费时、费人力。一个中型图书馆有十几万种藏书,要多少人力和多少年的时间? 对一个小型馆来讲,藏书虽仅有几万种,但是又能有多少人力投入建库? 自建库另一个大问题是标准化问题,自己建库,即使对标准学习得再透彻,由于实践性很强,在具体问题上理解与处理不同,会有很大差别,交流与资源共享又是问题。因此,完全自建库的模式是应否定的。

2. 采用国家机读目录产品即集中建库模式

这一模式是,由北京图书馆编制出标准的机读目录,然后通过机读介质或网络,将数据库传送到全国。各馆按自己到馆新书到库中检索,检索到记录后加上本馆索书号和馆藏项,建库完成;如未在库中检索到,则对此新书需自建库。

这一模式从理论上讲是最理想的,质量、统一性和资源共享是有充分保证的;但从实践看,如何解决时滞问题成了关键。就目前的情况,网络的路子是行不通的,即使技术上已没问题,但各图书馆在经济上难于支持传送数据的长途电讯的费用;通过软盘邮寄,实践证明没能解决时滞问题。

各馆人员培训是第二个问题。培养一个熟练的机读目录专业人员需半年以上的时间,授课时间仅需半个月或更少,如何解决分散在各地的大量的实践指导和检查,解决不好就无法保障标准库的有效利用和各馆补充记录自建库那部分的质量。

3. 合作建库模式

这一模式目前看来是成功的。国外有 OCLC 等成功的北美四大书目合作中心为典型,国内有上海申联高校图书馆服务部为中心形成的上海地区一百多个图书馆参加的合作编目中心为榜样(目前正向自动化过渡)。

这一模式集中了前两种模式的优点。合作建库的数据库有两种来源:使用北图的国家机读目录库和集中优势兵力自建库。不管采取哪种方式,对数据库的质量都会有保证,因同在一个地区,库的使用与专业人员的培训问题都可以很好地解决,有较多办法可解决经费与运营机制问题。

综上所述,可以认为地区合作建库模式比较适于国情,是多快好省建设书目数据库的路子。

回溯书目库建库采取什么模式?笔者认为,从书源及其覆盖面、质量保证、回溯不存在时滞问题等几方面考虑,由北京图书馆会同版本图书馆组织力量进行回溯建库是可取的。

三、"图书馆自动化集成系统"配套合作建库介绍

为了集中人力、财力克服低水平重复研制图书馆自动化软件问题,文化部教科司与图书馆司1988年向深圳图书馆下达文化部部级重点科研项目——图书馆自动化集成系统的研制任务,由深圳图书馆承担并组织全国8个省图书馆的技术力量参加。研制组在设计总体方案时发现,仅仅研制软件但全国没有标准的书目数据库产品(当时北图还未发行),这将会使研制成功的软件处于"无米之炊"和"无用武之地"的境况。因此研制组决定,在开发软件同时,一定要建成至少五年的标准的中文图书书目数据库,两者相结合为上自动化各馆提供最基本的条件。文化部于1988年底在京组织的"总体方案论证会"认可了这一决定并支持开展数据库的开发与建库工作。

南京、湖南、黑龙江、汕头大学和深圳五个馆参加了这一合作建库项目,签订了《书目数据库建设合作方案》,成立了领导小组、

工作小组和各馆的建库小组,五馆分别承担馆藏 1985～1989 年版中文书的建库任务,工作小组制定了建库实施方案。

首先到北图培训(本节第一部分所述),1989 年初各馆开始试建库,在此基础上于 1989 年 4 月拟订了"著录细则"、"标引细则"和"字段与子字段表",7 月进行了修订。各馆经过一年半的努力,于 1990 年 7 月集中 15 人在深圳进行总校,1991 年初又投入三人在机器上对全库进行"清样"校对和验收,8 月最后才完成了共 6.5 万种中文图书建库任务。与此同时,同深圳先科激光公司合作,开发成功中文书目库光盘版及其检索系统。

历时二年半的我国第一个较大规模的合作建库工程,取得了相当大的成绩,它是对我国书目数据库建设的一次有益的探索与实践,值得总结,归结几点如下:

①实用的而非试验或表演性的图书馆自动化,必须有较大的至少五年以上的书目数据库,否则"实用"只能是一句空话。

②拥有的书目库必须是在各方面符合国家的标准,否则将陷入自我封闭,既不能参与交流和资源共享,也无法使用国家机读目录或任何外部的书目库产品。

③培养机读目录专门人才是建库成功的关键,这次合作建库的五个馆共培养了 41 人。

④建库之初就要有"字段和子字段表"(见附录一)、"著录细则"和"标引细则",且要严格遵守,一丝不苟。若"细则"的规定有变,涉及到的已建好库的数据均要从头更改。1989 年 7 月的合作建库工作小组会议,对原定的"细则"不合理之处,进行了认真讨论与修改,会后要求各馆全面改动,为此,各馆差不多整整改了一个月时间。1990 年 5 月研究总校工作时,"中图法"(第三版)已经出版,要不要对各馆已建好的书目库中的每条记录追加三版分类号?很明显,追加后对用户是极有用的。从高质量严要求出发,决定在总校时专门抽 2 个熟悉分类的同志,为每条记录追加三版

分类号。

⑤建库软件的开发要同数据加工工作相结合,以开发出合用的软件。开发过程中,不断征求数据加工人员的意见,仅数据录入屏幕设计就改变了三次。第三次成功的设计,优点很多:格式清晰,字段标识、指示符和字段内容清楚明了,采用窗口技术,对正在操作的字段,系统使用窗口显示的方式自动指明该字段的内容,提供"帮助"信息;系统自动给出字段标识、指示符等标记符号,使其不易出错;系统对不可重复字段、各字段内子字段的安排、固定长数据的长度等均有自动校验功能等等。因此,建库人员反映,软件的用户接口好,易读、易学、使用方便。

⑥这一建库工程不仅完成了五年的 6.5 万种图书记录的书目库,而且在全国第一个建成了中文书目库光盘版。

建库成功说明了合作建库模式是可行的,但五个馆不在一个地区或相邻地区(当时条件所限)是不可取的,它限制了合作建库优越性的发挥。

第三章　图书馆自动化软件

第一节　软件的基本概念

软件或称软设备,它是计算机系统中的程序和文档资料的总称。软件的出现是 50 年代后期的事情,它已成为现代计算机系统的重要组成部分。软件把硬件包围在里面,它是硬件的直接外层。有了软件,就把一台实实在在的物理机器变成了一台具有抽象概念的逻辑机器,从而使人们不必更多地了解计算机本身就可以使用计算机。软件的主要任务是着重解决管好、用好计算机,监视和维护计算机的正常运行,实现各种规定的功能,提高计算机的效率,扩大计算机的功能和用途,解决各种各样的实际应用问题。

一、计算机软件的发展

自从 1946 年世界上第一台电子计算机诞生后,到 50 年代初期,计算机开始走向实用阶段,软件也随之发展起来。

早期的计算机软件采用手编程序并使用机器语言,这种语言只能用二进制数字"0"和"1"所构成的数字代码表示指令程序,这种程序编制十分繁琐,程序本身既不好读又难于检查错误。

到了 60 年代,计算机软件发展很快,特别是自美国 IBM 公司发展 IBM360 系列计算机以后,研制出有操作系统和程序设计语言并向上兼容的软件系列,大大提高了计算机的使用效率。

到了 70 年代,软件系统不断发展,除逐步完善和扩展操作系统外,还增加了虚拟存贮、多道程序、数据库及数据通信、网络软件等新技术。特别是高级语言的建立和扩展,并逐步标准化,使软件开始具备独立于硬件系统的可能,于是计算机的应用开始走向社会的各个方面。

80 年代以后,软件的发展速度更快,各种各样的应用软件系统日趋复杂,数量不断增加,质量越来越高。在整个计算机系统中所占的价格比例逐年递增,软件的重要性越来越大。

根据软件的发展过程及各个阶段的特点,人们习惯把它分为四个阶段。

第一阶段(1946～1957 年)称为手编程序和软件原始时期。这个时期,软件完全受硬件约束,几乎没有什么系统软件,软件的编制完全使用机器语言。到后期,才有一点辅助手段,并开始认识到提高程序编制效率的重要性。

第二阶段(1958～1967 年)称为软件系统形成时期。这个时期,软件不再处于硬件的从属地位,而与硬件并列,产生了操作系统和高级语言。现在使用的有代表性的软件系统大多是在这一时期发展起来的。

第三阶段(1968～1988 年)为软件工程时代。这时软件的发展是建立一套科学的软件管理和组织方法,解决软件经常失效和成本高的问题,以达到提高效率、增强可靠性和降低成本的目的。为此,采用了模块化设计方法和结构式程序设计语言,利用软件工程等辅助手段和纠错及测试的自动化方法,用系统测试程序来保证软件的可靠性。其标志是建立系统的软件工程,发展数据库管理系统。

第四阶段(1988 年－)知识处理和软件开发环境时代。软件工程化导致工厂化,工具化,标准化,商品化,软件包商品形式向套装化方向发展,工具箱向前发展成为软件开发环境,逐步向软件生产自动化方向发展。

计算机配备了软件,有了这种预先设计好的程序系统,就极大地提高了计算机的功能和效率,并且大大方便了操作人员和用户。

软件包括:各种语言的汇编和解释、编译程序、程序库、操作系统、应用程序以及各种文档资料等。而且上述各种形式的程序,都可以存贮在存贮介质上,例如卡片、磁带、磁盘上。

二、软件的类型

软件一般可分为系统软件和应用软件二大类。

1.系统软件

每台计算机都必须配有系统软件,它是计算机系统能灵活、方便使用的保证。系统软件是一系列程序,这些程序都是由计算机的设计者提供的,其着眼点是利用计算机本身的逻辑功能,合理地组织整个解题和处理流程,简化或代替用户在各个环节所承担的工作,达到充分开发资源,最大限度地发挥计算机的效率,便于用户使用和管理维护的目的。

系统软件又包括操作系统、编译系统和实用程序等。

(1)操作系统

为了提高计算机的利用率,方便用户使用计算机以及提高计算机的响应时间而配备的一种软件,它是用户与计算机之间的接口,用户通过操作系统使用计算机。操作系统的主要功能是管理中央处理机、内存、外部设备以及控制作业的运行和应用程序的运行等。

操作系统通常由以下几部分程序组成:

①监控程序:它控制其它各部分的运行,调度作业,动态分配存贮器,完成实际的输入输出操作,处理中断等。

②作业管理程序:监督和控制作业的执行。

③数据管理程序:管理信息的存取等。

（2）编译系统

编译系统由供各种语言使用的编译程序组成。计算机硬件只"懂得"用它自己的机器语言编写的程序，为了使用高级语言和汇编语言编写的程序能被计算机所接受，就必须把它们翻译成机器语言程序。

一般的编译系统程序由如下几种逻辑功能部分组成：

①词法分析程序：它的作用是从源程序中识别出一个个具有独立意义的语法单位（即单词），并指出其属性，建立符号表。

②语法分析程序：它从符号表中取出语法符号串，对照语法规则，识别出不同的句子。

③语义分析程序：它根据句子的不同句型，转去执行不同的加工处理子程序，并产生中间语言程序。

④代码优化：它对中间语言程序进行不依赖于机器的优化修饰工作。

⑤存贮分配：它给常数、变量和中间语言程序等分配存贮单元。

⑥目标生成：对优化后的中间语言程序生成目标程序或汇编语言程序。

⑦汇编和输出：最终生成机器语言程序并输出。

各部分工作过程中，需要产生、修改或引用一系列表格，这些表格起着各部分之间的通讯联系作用。

编译以后的目标程序，可以通过运行系统运行，从而得到计算结果。

常用的编译程序有汇编程序、BASIC 编译，COBOL 编译、FOR-TRAN 编译、PASCAL 编译和 C 语言编译程序等。

（3）实用程序

它是支持计算机操作和维护的程序以及执行日常任务的程序，例如诊断程序、编辑程序、外围交换程序以及数据库管理系统程序等。

①诊断程序是计算机操作员或管理程序用来检查故障及确定故障元件位置的程序。

②编辑程序是具有编辑功能的程序,它用于产生和编辑文件,用于源程序的输入和数据的输入以及对它们的修改等。

③外围交换程序是将数据从一种设备传送到另一种设备的程序,如将数据从硬盘存贮设备上传送到软盘上等。

④数据库管理系统(DBMS)是用来管理数据库中数据的一组复杂程序。就如同有了编译系统才可用高级语言方便地书写程序一样,数据库系统也很像操作命令的解释系统,把用户的数据操作语句转换为对存贮文件的操作。DBMS 的主要功能是实现对数据的描述、管理、维护等。目前最常用的数据库管理系统有 dBASEⅢ、FoxBASE,UNIFY 和 INFORMIX 等。

一个好的计算机系统,它的实用程序总是很丰富的。在我们使用计算机的过程中,使用这些实用程序就可以节省许多时间,帮助我们灵活地完成许多工作。

2. 应用软件

用户利用计算机以及它所提供的各种系统软件,编制解决用户各种实际问题的程序,这些程序统称为应用软件。

应用软件是由用户编写的。用户要完成特定的任务,则必须熟悉计算机的系统软件配置情况,特别要了解系统的命令、实用程序,熟悉并掌握几种计算机语言,才能编写解决各种特定问题的程序。

随着计算机技术的高速发展和被广泛应用。近年来,在各行各业,不同类型的计算机应用系统不断建立和被投入实用。各种各样的应用软件,五花八门,花样繁多,功能各异。归纳起来,主要包括如下几种类型:

(1)科学技术计算软件。计算机早期主要用于科学计算领域,在这一方面的应用软件较为丰富。例如人造卫星轨道计算程序、水坝应力计算程序、房屋抗震强度计算程序及各种工程建筑中的测量计算程序等。

(2)数据处理软件。由于计算机具有很强的逻辑判断能力,它可以对非数值的数据如字母、符号、表格、单据、资料、图形、图像乃至文字、语言、声音进行处理,所以计算机应用早已突破了单纯计算的范围,而发展到非数值应用领域,各种数据处理应用软件系统相继出现,例如经济计划管理软件,仓库管理软件,财务管理软件,图书馆自动化软件以及档案自动化管理、办公室自动化软件等。

(3)自动控制软件。近年来,计算机也开始应用到各种自动控制系统中,因而出现了如工业生产中的自动化控制软件,交通自动控制软件系统等。

(4)计算机辅助设计与辅助教学软件。这是近几年来新兴的计算机应用的重要分支。人们设计出一些软件,让计算机代替或部分代替人工进行飞机、汽车、船舶、机械、电子、房屋、桥梁、电路以及服装等的设计,并让计算机部分地代替人们进行辅助教学工作。

(5)人工智能软件。就是编制一些使计算机模拟人脑,进行推理,学习,理解及其它类似有认识和思维能力的软件,从而让计算机代替人类的某些脑力劳动。

第二节　软件的研制过程与软件技术

本节主要介绍图书馆自动化软件研制过程,软件方法与软件工具,结构化程序设计及模块化程序设计等概念。

一、软件研制过程

要研制一个理想实用的图书馆自动化系统,就是要把先进的计算机应用技术同图书馆的应用实际结合起来,用先进技术解决图书馆的实际需要问题。

要设计这样一个系统,其软件研制过程往往是十分复杂的,人们常常把整个过程作为一项"系统工程"来研究与开发,并利用软件工程学的基本思想和方法,尽量做到"以极少的投资获得高质量的软件系统"。

软件系统研制过程一般包括下述几个阶段的工作:

1. 分析阶段

在设计软件之前,首先需要根据用户需求确定系统的目标,即用户究竟要求系统做什么? 所以,分析阶段的基本任务是理解用户的要求,并将用户的要求用书面表达出来,形成系统说明书。

2. 设计阶段

设计阶段在系统说明书的基础上建立软件系统结构,包括数据结构和软件模块结构。设计阶段一般又分为总体设计、详细设计、模块设计等步骤。本阶段产生的主要文件是模块说明书和数据结构说明书等。

3. 编程阶段

编程阶段的任务是按模块说明书的要求为每个模块编写程序。相对地说,这个阶段的工作是比较简单的,一般程序员可以参加这个阶段的工作。

4. 测试阶段

测试阶段的任务是测试系统以发现并排除错误。通常又分为模块测试,联合测试,验收等几步。

5. 运行阶段

经过测试后的系统就可以投入运行了,当然在运行过程中仍然可能发现隐含错误,用户的需求和系统的操作环境又可能发生变化,所以运行阶段还需要对软件进行维护。

二、软件方法和软件工具

为了能研制一个高质量的图书馆应用软件,在软件的开发过程中,必须研究和运用有关的软件方法和软件工具。

1. 软件方法

所谓软件方法,就是指研制软件的某种规程,它告诉人们:"什么时候做什么以及怎样做。"由于软件研制过程毕竟是相当复杂的,它涉及的因素很多,所以各种软件方法又有不同的灵活性、试探性。一般来说,一个软件方法往往规定了三个方面。

(1)明确的工作步骤

研制一个图书馆自动化系统要考虑并解决许多问题,如果同时处理这些问题,我们将会束手无措,或者造成混乱,正确的方式是将这些问题分成先后次序,每一步集中精力解决一个问题。这些步骤包括每一步的目的是什么,每一步应产生什么工作结果,每一步需具备的条件以及要注意的问题等。

(2)具体的文档格式

系统化、工程化生产必须强调文档化,即必须将每一步工作结果以一定的书面形式记录下来,这将保证开发人员之间能有效地进行交流,也有利于维护工作的顺利进行。文档化也是研究软件工具的前提,在软件开发过程中,要规定一整套描述软件产品的文档格式,这包括每一步应产生什么文档,文档中记录哪些内容,采用哪些图形符号等。

(3)确定的评价标准

对于同一个问题,其解决方案往往不是唯一的,选取哪一个方案较好呢? 这要按软件方法所提出的比较确定的评价标准,对各个具体方案进行评价,并从中选取一个较好的方案,并予以实施。

在软件方法的指导和约束之下,面对错综复杂的问题,开发人员就可以按统一的步骤,统一的文档格式,纪律化地开展系统的软件研制工作了。

2. 软件工具

软件工具是软件开发,维护和分析中使用的程序系统。软件工具的种类很多,除了操作系统之外,重要的工具还有编程阶段用的解释程序,编辑程序,编译程序,连接程序等。测试阶段用的静态分析工具,覆盖监视工具,测试数据产生器,排错程序,跟踪程序等。近年来,人们又为设计某些应用系统研制出一些专用工具和软件开发环境。

众多的软件工具组成了"工具箱",在进行图书馆自动化系统的软件开发的各个阶段,可以根据不同需要,从"工具箱"中选择合适的工具使用。

三、结构化程序设计方法

结构化程序设计方法是在开发图书馆自动化系统软件过程中需要采用的一种程序设计方法,它也是编写程序的基本技术,涉及到设计、测试阶段的问题。

结构化程序设计方法指出任何程序逻辑都可用顺序、选择、循环和过程四种基本结构来实现。

1. 顺序结构

在这种结构中,程序是严格按语句的先后次序顺序执行,即按照自顶而下的顺序把每个语句执行一次,然后退出。

顺序结构具有简单、直观、易读等特点。在简单程序结构中,通常采用这种结构。

2. 分支结构

在这种结构中,程序通过对给定条件的判断来选择执行顺序。当给定条件成立时,执行规定的一组语句;条件不成立时,则执行规定的另一组语句。在分支程序设计中,通常采用这种结构。

3. 循环结构

在这种结构中,程序按给定条件重复多次执行某一组语句。循环结构的特点是,当满足条件时,则重复执行循环体;当不满足条件时,则不执行循环体而退出循环。

4. 过程

在一般的高级语言程序中,还可以通过函数定义,调用程序段以执行某些特定功能等过程调用方式来设计程序。

值得注意的是,在程序中往往不是单一的一种结构,而是以一种结构嵌入其它结构,而形成复合结构。

在使用结构化程序设计方法编写程序时,一般应注意以下几点:

(1)程序采用一个入口与一个出口的定型结构来展开程序,从而使程序呈现为一种逻辑清楚的分层结构,使人易懂并保持正确性证明的可行性。

(2)采用自上而下逐步精化的设计方法,即先全局后局部,先整体后细节,先抽象后具体的设计方法。但实际问题往往是比较复杂的,为了提高效率,常常伴随使用关键部分优先考虑的设计方法。

(3)用模块式结构来组织程序。

(4)程序中避免过多使用 GOTO 语句,特别是逆转的 GOTO 语句。

(5)在程序中适当写注解。

四、模块化程序设计

在进行图书馆自动化软件设计过程中,模块化程序设计也是常常被人们采用的一种程序设计方法。

1. 模块化程序的概念

"模块"是指用一个名字可以调用的一段程序语句,它类似于"子程序"的概念。所谓模块化程序设计就是将系统设计成由相对独立,单一功能的模块组成的结构,由于模块之间是相对独立的,所以每个程序模块可以独立地被理解、编写、测试、排错和修改,这就使复杂的研制工作得以简化,此外,模块的相对独立性也能有效地防止错误在模块之间扩散蔓延,因而可以提高系统的可靠性,减少研制所需的人工。模块程序结构的简图如图 3 – 1 所示。

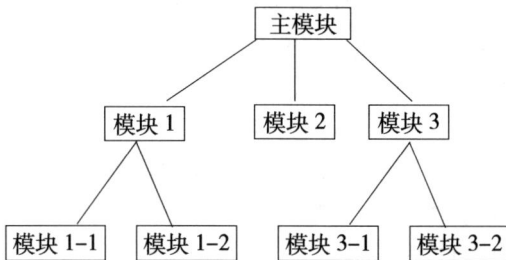

图 3 – 1 模块程序结构示意图

2. 模块化程序的特征

对模块或结构,从其构造或它的预期目的来看,已有各种不同的定义,但从形式上来说,我们可以列出模块化程序的一些特征如下:

（1）每一个模块都有一个名称。

（2）每一个模块都具有明确的功能,具有清晰的进入量（输入）与返回量（输出）作为和其它模块的外部接口。

（3）在一定限制下,原则上既允许一个模块通过调用其所需要的模块作为它的组成部分,也可以被别的模块调用而成为这个调用它的模块的一部分。一般,最上面的主模块只能被操作系统调用。

（4）当采用程序设计语言书写时，每一模块都能作为一个独立的编译单位对其进行编译。

（5）为了增加程序的可读性，应当对模块的大小作适当限制。

3. 模块化程序的性能

在使用模块化程序设计方法时，应该使程序的模块满足下述性能。其中包括：

（1）独立性——即人们可以独立地、在使用它之前就确定模块的正确性，对于一个模块的使用者来说，只需要知道该模块的名称、功能及接口，就能正确使用这个模块，不会因为这个模块在使用时所处的上下文不同而影响它的正确性。

（2）可拼装性——即人们可以通过某种十分方便的方式把一些模块拼装成更大的模块。

（3）无干扰性——当某一模块的实现，被新的、更有效的实现代替后，不影响对该模块的使用，即对程序的其余部分没有任何干扰。换一句话说，只要模块的功能接口不变，使用这个模块的人就可以不管它是如何实现的。

4. 模块化程序设计中的有关问题

从模块化的观点来看，程序展开就是一个从上层模块到下层模块逐步发展过程，或者说是模块的从抽象到具体化的划分过程。在这一过程中，要设立并生成各种各样的程序模块。在进行模块化程序设计时，应注意以下一些问题。

（1）在设计模块时，如何决定其外部接口是一项关键性的工作。通常认为在尽可能避免隐式传递的条件下，外部接口力求简明，便于被其它模块调用而完成指定的功能，防止在信息传递中出错，对于较大规模的程序，利用文件系统可免去很多隐式传递。

（2）通过下层模块屏蔽上层模块的内部细节。用这种方法，可以把上层模块的内部细节通过下层模块的外部接口显示出来。这样做，不仅增加了程序的可读性，而且分散了难点，使我们能处理大量的细节而不至于陷入泥沼。另一方面,为了提高程序与机器的无关性,应当把与机器有关的内容屏蔽在少数的几个模块中。这样,当转换机型时,只需改写这少数几个模块的内容,而无需改变调用它们的所用程序模块。

（3）模块设计中的另一个重要原则是所谓隐藏,它的主要思想是使得一些不应影响程序其它部分的细节成为不可达的,通常的办法是采用低层模块将这些细节"封死"而不让一般的模块去调用它。

（4）图书馆自动化系统中的软件所涉及的数据文件往往比较多,且类型复杂,通常要采用文件来描写它的接口,由于文件的现时状态在外存贮器中都保存着完整的文本,一般只需读入文件的有关部分到内存,调用相应的程序模块对它进行加工并生成新的内容,然后再写到外存。因此,采用文件的形式具有接口清楚,便于用"接力"的方式去完成一项总任务的优点。

第三节　图书馆自动化集成系统的概念

一、图书馆自动化集成系统的产生

随着电子计算机技术的高速度发展,特别是随着大容量存贮器的出现和计算机网络技术走向实用阶段,使图书馆自动化进入了一个崭新的领域。原来一些在图书馆实现局部自动化管理或运行单一功能系统的现状已经不能适应人们的需求,于是提出了图书馆自动化集成系统的新概念。

图书馆自动化集成系统,在60年代后期,就被人们开始提出来。有人曾提出研制一个"具有图书馆各个子系统的总体系统"的设想,但由于当时技术的局限而受到挫折,于是只能开展一些本馆内部的某一部门的自动化工作,因而,在图书馆刚开始搞自动化时,一般都是先在某一部门内进行,建立单功能系统,如流通自动化等。

70年代初,随着MARC通讯格式在图书馆的应用和推广,使书目数据格式实现了标准化,于是建立大型书目数据库和共享数据库资源成为现实。加之计算机网络技术开始走向实用阶段,于是,提供图书馆目录信息的大型数据库网络被建立起来,一些可以用标准格式并可联机存取的系统开始出现,使得图书馆自动化迅速地由单功能系统走向多功能系统。于是出现了图书馆自动化集成系统。

"图书馆自动化集成系统"这个专用名词源起于美国国家医学图书馆,在八十年代初,美国国家医学图书馆对这个名词的解释为:以一个单独书目主文档为基础,实现图书馆各种功能的自动化的计算机系统。

1982年10月,美国研究图书馆协会将"图书馆自动化集成系统"定义为:由一个单独的数据库,它由书目数据以及其它作为实现图书馆自动化有关功能而需要的数据和相互关联的各功能模块组成的系统。

1983年,Pat Barkalow在图书馆与情报技术协会上给"图书馆自动化集成系统"下的定义为:把一种以上图书馆功能或一个以上图书馆组合在一起的自动化系统。

Darid C. Genaway在《联机图书馆集成系统》一书中给出的定义为:它是一种使用一个共同机读数据库,有两个或两个以上作业子系统并能联机存取的图书馆系统。

根据上述论述,不难看出,尽管对图书馆自动化集成系统的定义或解释各不相同,但都强调了具有图书馆一种以上的功能和共享数据库资源这两个方面。因而,一般认为:图书馆自动化集成系统是以电子计算机为手段,能实现图书馆的采购、编目、检索、流通、期刊管理等多种功能,各子系统能独立运行又能相互联系,并在逻辑上属于一个公共数据库所支持的,能充分共享数据资源的图书馆自动化系统。

二、图书馆自动化集成系统的文档结构

在图书馆自动化集成系统中,各个子系统在运行其功能的过程中,是利用中央书目数据库中的文档和记录而进行工作。因而,系统中的文档组织与结构的设计是关系到图书馆集成系统运行效率的一个极为关键性的问题。

目前,在国内外的图书馆自动化集成系统设计中,一般采用如下三种不同的文档结构。

1. 非冗余的单文档结构

非冗余的单文档结构是常被人们采用的一种简单结构。在这种结构中,设有一个中心书目数据库,它包含所有的完整书目记录,各个子系统要进行工作都必须由中心数据库提供记录信息。如在检索过程中,需逐一扫描中心数据库中每一条记录,以查询所需的资料;编目时是直接在中心数据库的文档中增加记录信息或更新文档中的记录内容;流通时也是利用中心数据库中的记录以供查询之用,并将书目流通状态信息标志记录到该文档之中。

2. 冗余的多文档结构

冗余的多文档结构是一种双重文档系统。在这种结构中,仍然保留有中心书目主文档,主文档中存放完整的书目记录信息。除此之外,还建立有若干个按字段存取的文档。例如,可以建立只包含主题内容的主题文档,仅含著者名字的著者文档和由题名构成的题名文档等,根据需要,也可以从主文档的记录中提取若干所需字段建立多字段文档等。

这种重复存贮数据方式虽然浪费了一些存贮空间,但是对于各子系统在独立完成某一部分作业,不需要与中心主书目文档直

接打交道,因而可以提高系统的运行速度。例如形成一个流通文档,在这个文档中只要含有为流通过程中所需要的一些字段信息,如索书号、著者、题名等。又如建立一个单独的主题标目文档,并在主题标目下带有最少的书目信息项,或带上主题识别号码,以便使计算机在必要时能找到完整的记录,显然,在主题检索时使用这种文档,较之检索整个数据库要快得多。

在使用这种结构建立文档时,既要根据各子系统功能需要,分别建立起各单字段项文档,但是又必须尽可能地节省各文档所使用的存贮空间。

3. 非冗余的多文档结构

非冗余的多文档结构是建立一个虚拟的中央主书目文档,在这种结构中,书目数据的原记录被分割成一些主要元素或字段,分别存贮到不同的文档中,每个单独的文档(如著者,题名,主题等)只包含记录的一个部分。当系统需要完整记录时,可以通过控制号将各字段进行连接而形成完整记录。或者说,在这种结构中,要得到完整的记录只有通过从若干文档中将相应字段提取后"拼接"而成。可见,这种结构在实现按单字段查询时速度很快,效率很高。然而,当需要得到完整记录时时间要长一些。

第四节　ILAS 系统简介

ILAS 系统是由文化部作为重点科研项目下达,由深圳图书馆承担并组织全国 8 个省图书馆研究人员组成研制组共同完成的《图书馆自动化集成系统》。

该系统是在 UNIX/XENIX 操作系统下用 C 语言开发的一套能满足国内多种规模和类型图书馆使用需求,可适应多种机型与档次的计算机环境的多用户、多任务、多点存取的应用系统,同时也是一个共享中央书目数据库,具有可靠性高、可用性好、功能完备、并已推广和投入实用的高度集成的图书馆自动化系统。

ILAS 系统是根据我国图书馆自动化应用的实际情况所设计出来的一套既具有中国特色,又能在综合指标上达到八十年代末国际先进水平的图书馆应用软件系统。

一、系统的特性

ILAS 系统把先进的技术同我国图书馆的实际应用情况相结合,各项功能指标均达到了图书馆实际应用需求,适合不同层次、不同类型及多种规模的图书馆应用。具有如下特性:

1. 系统的集成性

本系统是一个集成化的应用软件包,所以集成性是本系统的主要特性,表现在:文档、数据、功能的集成。

(1)文档的集成性。从书目处理功能角度,设计了两个主要文档,一是中央书目库,它是书目描述体的集合,二是馆藏文档,它是书目管理数据的集合。通过软件的处理,使它们在逻辑上集成,形成一个完整的中央书目库,它支持图书馆有关书目数据的处理,同时,又为各子系统共享。这体现了逻辑上集成,物理上(实现)独立的设计思想。这样便于数据的存取、删改和数据的管理。其它子系统的处理文档,基本上按此设计思想设置。

(2)数据的集成性。计算机管理的书目记录,一般可分记录控制号、记录特征号、书目描述体和馆藏管理项等。我们把这几类组成一条逻辑记录,可供采购、编目、流通、检索所用,实现了一次输入,多次修改,多种用途,使数据的冗余度最小,达到了在一个系统内数据资源共享的目的。

(3)功能的集成性。业务处理功能和管理功能集中在一个系统内,通过系统控制把各个子系统的功能集成在一个系统内,允许各子系统存取由其功能所生成的或更新的结果或信息,可以一次查到各个子系统的相关信息,不要做多次操作;各共用功能模块如查询、检索、馆藏等允许各子系统调用。

(4)软件功能模块的集成性。由于文档、数据、功能的集成,而产生了软件功能模块的集成,本系统除了共用的 LDBMS 外,还可供各子系统调用的模块有:系统控制、全屏幕编辑、报表生成、检索、查询馆藏等模块,使程序的冗余度最小。

2. 适应性

ILAS 系统是针对我国公共图书馆研制的一套适用于大中型规模图书馆使用的多功能集成自动化管理系统,其功能也适应各类专业图书馆和大专院校图书馆使用。由于全部软件是用 C 语言开发并以模块化结构方式组成,故能适应不同类型和规模的图书馆使用。系统可以全套移植,也可以按一个或几个子系统装配运行,并随硬设备的扩充而可增加子系统,同时还可以根据具体图书馆业务需求进行修改和重组。

3. 可移植性

可移植性是衡量一个软件产品是否可推广的重要标志,可移植性的特征主要是指软件与系统配置无关。在 ILAS 系统开发过程中,根据总体方案所提出的目标:为适应国内多种机型的计算机环境和各种类型图书馆的实际应用环境,系统应尽量少受或不受计算机类型的限制而具有广泛的可移植性原则。因而 ILAS 系统软件采用由核心 LDBMS 支持,应用软件则以工具包形式出现,系统中的各功能元素可视为构成系统功能模块的零部件,而一个模块可视为一个组合体,且功能模块的划分可大可小、可分可合,可根据需要进行重组与拆卸。因而,系统能适应于各种档次与型号的计算机,在计算机配置达到系统基本要求的情况下,机器档次的高低仅能影响系统的规模,而不影响系统的功能。到目前为止,ILAS 系统已分别在普通的 UNIX、XENIX、SCO – XENIX 和 VMS 系统下运行,推广和移植所使用的机种有 386 机、486 机和 micro –

VAX II 等不同系列的计算机上;同时,经过了一定的修改工作,目前也可移植到 MS – DOS 操作系统环境下运行。

4. 易维护性

(1) ILAS 系统采用结构化编程方式,软件模块均采用一个入口与一个出口的定型结构来展开程序,从而使程序呈现为一种逻辑清楚的分层结构。在软件设计中,采用自上而下逐步精化的设计方法,即先全局后局部、先整体后细节、先抽象后具体的设计方法,使得整个系统程序接口清晰。

(2)由于整个系统是由功能模块组成,各个功能模块间相互独立,使得在系统出现故障时易于修改与维护。若某一模块出了问题,并不影响其它模块的运行,因而系统所受干扰小。

(3)在设计过程中充分考虑到系统维护人员与用户的不同特点,把系统环境出错提示在主控报警显示,由软件进行自身维护或由系统维护人员排除、处理,而把用户的误操作信息在用户终端显示输出,并维持系统正常运行状态。当用户要求更改某些不适应工作需要的细节,或扩充功能,或弥补某些缺陷时,修改容易。

5. 安全可靠性

系统采取了以下措施提高其安全可靠性:

(1)用户识别机构

系统通过分配用户名、保密口令、条码号等一系列措施,对不同用户分配不同标识和授予不同权限,并通过数据库管理系统对数据存取进行控制,任何未授权使用的人不得非法存取不应存取的数据,也不允许越权对数据进行访问。

(2)并发控制

系统具有并发控制功能,使得在几个用户并行操作数据时不使数据库受破坏。

(3)系统自身保护

对于因程序错误或操作者的误操作,如果有可能导致破坏数据库,则系统有自保护功能,将拒绝执行或报警。

（4）数据库恢复

系统备有详细的日志记录和备份功能,即使因某种灾祸、故障以及其它因素导致数据库受破坏,数据库管理系统可以借助日志、副本等手段达到恢复的目的。

二、系统模型

ILAS 是一个在以图书馆专用数据库管理系统（LDBMS）作为核心支持下,由系统管理程序控制的多个相互独立的软件功能模块和在逻辑上集成的多文档组成的一个整体。系统的模型结构可用图 3 - 2 表示。

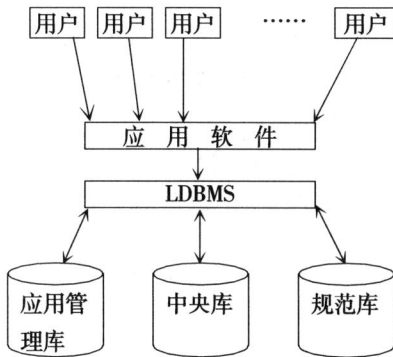

图 3 - 2 系统模型示意图

LDBMS 管理系统由一系列公用函数群组成,这些函数按其功能进行分组,形成规范的界面与接口,供应用程序调用。它主要为系统提供如下功能:

（1）对数据记录进行增、删、改的操作,并对文本进行编辑与管理;

（2）支持屏幕和用户接口处理；

（3）通过数据字典对系统中的数据文档进行操作和管理；

（4）具有并发控制处理功能；

（5）提供输入输出及报表格式定义；

（6）为应用程序提供一系列标准化操作函数，如数据格式定义，建立索引，快速排序，查询，定义窗口和排版等。

系统中的数据库主要包括中央书目库、应用管理库和规范库。并通过数据字典对文档中的记录、字段属性进行描述。

应用软件层是通过调用 LDBMS 系统中的功能函数而建立起来的为实现图书馆业务需求的一系列功能程序。

三、系统功能

ILAS 系统由图书采访子系统、编目子系统、检索子系统、流通管理子系统、连续出版物管理子系统和参考咨询子系统构成，其功能模块结构如图 3-3 所示。

每个子系统又由不同的功能模块构成，各功能模块又细分成次级子功能模块，分别实现图书馆自动化中各个环节的功能，完成图书馆的全自动化处理整个过程。下面将对各个子系统功能分别介绍如下：

1. 采访子系统

采访子系统是计算机参予处理的图书馆采访业务，采访功能划分五大部分，包括有订购管理、验收登记、经费管理、赠送交换、统计及报表生成等功能。

（1）订购管理

从接到订单开始处理，包括馆藏与在订购图书的查重、订购管理等子功能，订购查重所提供检索字段有题名、责任者、索书号、分类号、ISBN 等。对于在订购图书又有订购号、发行者、订购日期、出版日期等字段的查询功能，每个字段检索均可实现截断，在订购文档管理中录入的书目数据及订购数据自动被个别登记、总括登记利用。订购催询是通过发行者与所订购图书的关系链,以订购时间或预出版日期为限定时间,显示或打印催询单。

(2)验收登记

此功能包括验收、个别登记、打印财产帐,总括登记查询、打印总括登记表五项子功能。验收过程由系统认定批号、自动产生登录号(条码号),针对一项验收核算出总价。个别登记是直接购买图书的处理入口。总括登记查询输出的栏目有日期、批号、语种、来源、种数、册数、总金额以及分二十二大类的种、册、金额数。

(3)经费管理

有预付款管理,实付款管理,经费使用报告等子功能,控制、管理经费使用情况及有关单据(请款单、发票等),以及与发行者之财务往来,对所有经费支出作有效记载。采访管理人员既能了解已支出经费,又能掌握预计支出。

(4)统计与报表生成

包括预订统计,到书统计,接收统计,赠送统计并产生上述各种统计报表,报表内容中有分类统计,文种统计、版式统计、文献类型统计。

(5)赠送交换

对交换往来与各种无偿赠送图书进行登记、移交、签定交换关系及管理。

2.编目子系统

编目子系统依照机读目录标准及有关规范,建立中央书目数据库,提供此过程有关查重、数据输入等功能环境。系统中使用全屏幕编辑,进行机读目录数据录入建库工作,此编辑方式适应机读目录的特点,编辑变长字段,可重复字段,面向字符,编辑中自动产生约定代码。编目部分又包括如下功能项:

(1)编目查重

在分编库、总书目库以及其它转换库中，核查一书是新书还是复本。如果当前记录在分编库中，则将其置于等待修改状态；如果当前记录在总书目库或其它库中，则将其转入分编库，形成复本预编记录。书目查重途径有分类号、ISBN、题名、责任者和按批处理等方式。

（2）编目建库

在编目建库中提供二种书目数据输入编辑方式。第一种为全屏幕编辑方式，在输入或修改过程中，信息窗自动显示当前字段的提示信息，执行增加操作时在字段编辑屏自动显示待输入字段的标识，最可能的指示符和子字段代码。第二种为直观卡片式编辑方式，在输入或修改过程中，提示选择区自动显示当前字段的提示信息，在显示区以标准卡片格式动态显示当前记录内容。书目数据审校是此功能下的一个子功能，检查、修改、确认后，分编库的所有记录，成为可交送记录。

（3）编目查询

此功能提供书目编号、ISBN、分类号、题名、责任者、主题词、索取号等七种查询途径，以全屏幕机读格式显示查询结果，所查数据库包括分编库、总书目库、种次号库等。

（4）输出产品

输出的产品有：①卡片目录；②书标；③书本式目录；④CNMARC 机读目录。

（5）交接处理

接收采购数据和 CNMARC 数据，将已审校的分编记录输入总书目库、合并馆藏项，利用此功能可接收任何数据源所提供之规范CNMARC 数据，达到数据共享的目的。

（6）编目统计

统计功能包括个人工作量统计，全体工作量统计，分编库记录分类统计与分编库记录状态统计，总书目库记录分类统计，总书目库记录状态统计。

在这一部分还提供了书目数据库维护与日志文件维护功能。

3. 联机检索子系统

联机检索子系统提供一种有效的联机查询手段,查询整个集成系统中的书目数据。它提供了灵活多样的检索方式,支持用户索引检索、限制检索、组配检索和二次检索,用户可随意输出检索结果和保存检索结果。检索既可按菜单提示进行,还可以进入命令方式。系统使用了 26 个检索命令,使得检索过程更加灵活。

(1)执行检索

此功能包括指定检索数据库、选择检索途径、检索、选择检索策略、显示检索结果、打印检索结果六项子功能。检索策略有单项检、限制检索、组配检索、二次检索、重作检索等。显示检索结果时可以显示每一步检索的命令、使用的数据库,命中的记录数等信息,并按指定格式显示检索结果,输出格式分简单格式、卡片格式和 CNMARC 格式。

(2)检索结果处理

功能包括:①显示检索结果;②打印检索结果;③保存检索命令;④装入检索命令。

(3)检索事务处理

包括:①计算检索时间;②计算检索费用;③停止对指定库的检索;④停止对所有库的检索。

(4)进入命令方式

命令方式即过程检索方式,在操作过程中首先将用户的检索要求进行逻辑分析,划分出基本的检索要素,按要求格式形成用户逻辑提问式并输入计算机进行检索。

(5)检索辅助和帮助

功能包括:①使用检索变量,为检索变量赋值;②查重数据库目录;③查重检索途径;④显示检索命令的帮助信息;⑤显示错误

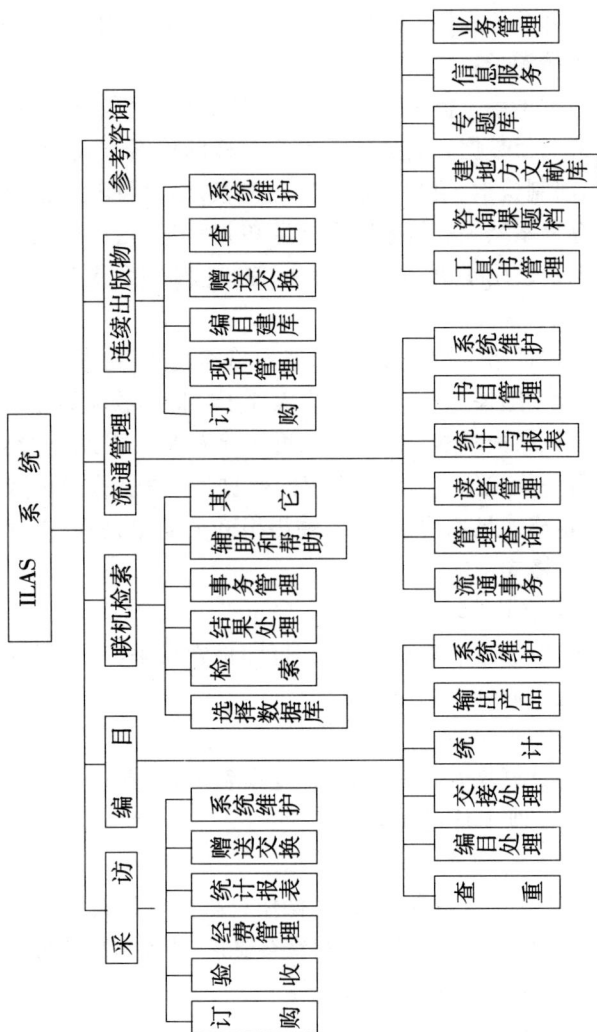

图 3-3　ILAS 系统功能模块结构图

信息的帮助信息。

4.连续出版物管理子系统

连续出版物管理子系包括从订购到入藏流通整个连续出版物处理过程,其流程是:订购、记到、催询、装订、编目入藏、检索、流通。使杂乱无序的连续出版物实物流变为在计算机控制下的有序书目信息数据流,替代、深化了连续出版物管理过程。

(1)订购

订购功能包括的内容有订购查重、订购、打印订单、订购统计、订购文档备份和订购备份查询等。

订购查重有六个途径:①记录序号;②统一刊号;③订购刊号;④ISSN号;⑤索取号;⑥刊名。通过机读型订购操作,可以接受邮局文本文件的连续出版物订单,使订购工作更加万便,节省时间。

(2)现刊管理包括记到、催询、装订、打印装订清单四项。

(3)期刊编目功能包括:①期刊著录数据输入;②打印著录卡片;③合订本编目;④打印期刊登记簿;⑤打印期刊注销簿;⑥统计。

(4)交换赠送包括对交换赠送刊查重、交换赠送刊登记和统计等功能。

(5)检索

连续出版物检索字段包括:记录控制号、ISSN号、统一刊号、订购刊号、分类号、题名和责任者,书目显示与操作采用机读目录格式。

(6)系统维护

系统维护包括:①系统参数维护;②期刊著录主文档维护;③订购文档维护;④发行者文档维护;⑤馆藏;⑥注销文档维护;⑦文档拷贝。

5.流通子系统

流通管理子系统处理图书外借流通业务,使用条形码作为图书与读者识别符号,快速处理借、还等流通业务。系统包括:事务管理、管理查询、读者管理、统计报表生成与打印、书目管理、系统维护六项功能。

（1）事务管理

事务管理模块包括下列九项功能:

·借书

·还书

·续借

·过期处理

·污损处理

·丢书处理

·罚款处理

·预约

·取消预约

（2）管理查询

管理查询包括预约查询、图书借阅查询、读者预约查询、读者借阅查询、日志查询。其中日志查询是通过日志文件查询一段时间内某操作人员、某阅览室(外借处)发生的流通情况。

（3）读者管理

读者管理包括读者档案管理和读者流通管理。读者档案中记录读者姓名、身份证号、工作单位等内容,操作此功能可进行增加新读者,修改读者信息,查询读者情况等工作。读者流通管理提供借阅情况查询、挂失、挂失恢复、停借等处理,另外还有读者借书证押金管理,有交付押金、退还押金、查询交付押金情况等操作。

（4）统计报表生成与打印

包括流通综合统计、借阅统计、基本情况统计、图书财产统计以及预约通知单、催书单、罚款清单的生成。

统计报表打印包括流通综合报表打印、流通综合统计报表

（简表）打印、图书借阅统计报表打印、读者借阅情况报表打印、读者基本情况统计报表打印、图书财产统计报表打印等。

（5）书目数据管理

为了中央书目数据库的安全性和操作的效率，在流通子系统中设有简短书目数据库供流通使用，这样使得流通子系统也能够作为一个独立系统运行使用。系统中的流通书目库，数据来源于分编库，而流通系统提供有简短书目数据的录入编辑功能和书目数据维护、查询、删除和书目预处理、数据维护等。

（6）系统维护

包括内容有：读者参数设置、书目参数设置、阅览室名称设置、罚款倍率设置、馆藏地点名称设置、文献等级代码设置、罚款类型代码设置、行业代码设置、文化程度代码设置、阅读范围代码设置、职称代码设置、职务代码设置、专业代码设置、文种代码设置、装帧代码设置，以及系统文件拷贝、日志文件拷贝、系统恢复与初始化等。

6. 参考咨询子系统

参考咨询子系统提供建立工具书库、科技书目库，地方文献库，参考咨询档案库，大众生活信息库，经济信息库等文献数据库以及非文献数据库，它提供给读者一种咨询手段，使之可以通过此系统了解所需的各种情报资料和信息，从而使图书馆更好地发挥服务社会的功能。主要包括：

（1）建库

利用 LDBMS 变长数据库管理，全屏幕窗口编辑等功能并按本馆的服务特点，建立各种文献型和非文献型数据库。

（2）咨询

提供读者按给定子段，匹配查询有关数据库，例如对科技期刊论文数据库，有记录号、出处、分类号、题名、责任者、主题词等索引字段。

（3）输出

可以提供打印书本式、卡片式等多种格式的输出产品。

四、DB 与 LDBMS

ILAS 系统中的数据库是采用由中央主书目数据库和若干非书目文档构成，通过数据字典描述和联系，并在 LDBMS 支持管理下的集成数据库管理方式。

1. 数据文档与记录结构

ILAS 系统中的数据库采用无冗余的多种类型文档结构，除了一个大型的主书目文档外，还有多种格式的非书目文档和索引文档。

（1）主书目文档

主书目文档是系统中最大的一个按记录顺序号存贮书目的文档，它是支持系统的基础数据文档。其他书目文档都是由主书目文档派生出来的一些工作文档。主书目文档中的数据记录是按标准的 CNMARC 格式著录，输入后以紧缩型的机内格式存贮。

（2）索引文档

索引文档是建立在顺序文档基础上的一种索引表。系统中把具有检索价值的一些字段项按不同类型分别建立索引，大致分成三类：

①连续号码类其主要特征是号码基本连续，且为定长的数字。在建立索引时是根据号码值直接算出索引键的位置，在索引文件中不存键值，键值不作比较，如书记记录号、登录号、读者证号等。

②离散号码类主要特征是号码不连续，但号码出现的概率可以预知，因而系统中采用构造 Hash 公式，这类字段有分类号、ISBN、ISSN、索书号等。

③一般文字类凡不能归入上述两类的其余索引字段，如主题词、题名、责任者等，这类字段的索引用 B＋树方式建立。由于这

类字段变长,且重复率高,故在 B + 树的非叶节点采用定长格式存贮,超长的截断,不足的用空格填补。而在叶结点采用可变长压缩存贮。

(3)非书目文档

除了主书目文档和索引文档,系统中还用到了一些非书目文档,如读者文档、条码文档、期刊记到文档等。这些文档大都是采用固定长记录结构方式存贮。

2. LDBMS 管理系统

LDBMS 是根据图书馆信息处理的实际需要而设计的一种能适应多种数据记录格式,具有较强的数据处理功能的关系型专用数据库管理系统。

该系统提供了处理像 MARC 格式这种多字段、可重复且长度可变的复杂记录结构的功能。

在 LDBMS 中定义了数据记录与字段操作、数据文档操纵与维护、数据字典管理与维护、并发控制、权限检测和日志文件等一系列功能元素,并为应用程序层提供了方便的函数调用接口,同时还自定义了一套简单的数据库命令语言。

下面将对 LDBMS 管理系统提供的多种支持功能进行叙述。

(1)二种类型的记录结构

LDBMS 提供了二种不同类型的记录结构描述和处理方法。第一种记录格式是图书馆专用书目文献记录格式(MARC 格式),按照这种记录格式组织数据,可以按 MARC 记录格式的具体情况进行定义,既能记载完整的 MARC 格式中的数据,又能按用户要求对格式中的字段进行取舍和选择定义。

LDBMS 提供的第二种记录格式为非书目文献记录格式,这种格式又分为固定长和可变长格式二种,主要用于除主书目记录以外的其它各种文档记录格式,如流通子系统中用到的读者文档,采访子系统中用的订购文档、记到文档等。

（2）事务的并发处理

在多用户联机系统中，往往会产生多个应用程序或一个程序的多个进程并行运行的情况，在这种情况下，可能会有多个应用程序或同一程序的多个进程同时申请使用同一种资源，如多个用户并行操作同一条数据记录，并要求对记录进行修改操作，这样，就有可能产生数据的不一致性。为了避免这种现象，在 LDBMS 中采用的方法是把所有从数据库中读出的记录数据保存在系统的共享内存中，供多个应用程序共享，修改记录以字段为单位，用操作系统提供的信号灯来对记录进行瞬间的并发控制。由于并发控制限定在字段级上，且这种控制是瞬间完成，就不会出现死锁现象。用这种方式实现的并发控制，还有一些特别的性能，如多个用户同时对一个记录的修改均有效，则减少了数据库的磁盘读写次数，从而提高了系统的实时响应性能。

（3）索引文档的建立与维护

在 LDBMS 中，可以依据文字和字段的特性建立索引。

①以文字为最小处理单位

目前商品化的数据库管理系统，几乎全都是根据西方语言文字的要求设计的，即以字母字符为处理单位，不能满足图书馆信息管理系统的要求。LDBMS 则以有意义的文字为最小的处理单位，主要采用两种方法。

②依据字段的特性建立索引

为了提高检索效率，所有可能用来作主要检索入口的字段都必须建立索引，而对于图书馆专用数据库，所有可能建立索引的字段都可预先知道，根据已知字段的特性建立索引，不仅能节省存贮空间，更重要的是提高了检索效率。

（4）日志文件

日志文件用来记载当天数据库操作中所有事务处理的全部情况。日志中大致包括如下内容：

·数据库事务标识符；

·保存数据库中的动态值；

·记录事务处理中的各个关键时刻（事务的开始、结束以及真正回写的时间），建立日志文件的作用主要有二种：一是当某种非正常原因使数据库被破坏或导致数据丢失时，可以用来恢复数据库。二是可以利用日志文件得到更多更全的统计数据，而且可以大量地节省统计所花的时间，提高系统运行的效率。

（5）数据字典

LDBMS 中的数据字典包含了除数据库本身以外的其它非数据信息，主要包括数据库模式和子模式描述，文件间的联系，数据项的类型、长度描述，屏幕显示格式描述和参数库、用户标识等一系列数据描述。

本系统中共包含了如下几种类型的字典：

①索引表函数与宏；

②定长数据模式描述字典；

③MARC 格式字典；

④提示信息字典；

⑤用户标识字典；

⑥屏幕字典。

通过数据字典描述文档和记录类型、结构以及处理方式，数据字段的特征，操作及其关系，使各子模块及文档之间的关系相联为一体，使整个系统达到按文件级集成之目的。利用该数据字典，可以很方便地管理整个系统的全部数据资源，使数据规范化、标准化、文本化，同时，数据字典还供 LDBMS 进行存取管理和利用空间控制，以及为系统的安全性提供有效的措施。

（6）权限检测

为了保证 ILAS 系统的安全和正常运行，在 LDBMS 系统中设置了多种安全保护措施，如对系统中的不同用户分别给予不同的权限,禁止一切未受权使用的人和超越权限级别的人非法存取不应该存取的数据,以防止数据泄密。该系统中设有多级用户识别标志和保密字,同时对正常用户的可引起数据非法存取的错误操作也能拒绝执行并提出警告。

(7)屏幕支持

LDBMS 中提供的屏幕支持功能主要用于存取屏幕的编辑窗口,给系统程序及终端用户提供各种友好的屏幕编辑支持。

(8)命令语言

系统中提供了一套独立于数据库管理系统的供常规应用人员使用的简单的命令语言,为一般的事务处理提供了友好的用户界面。

第五节　自动化软件的评价与选择

本节将分别介绍图书馆自动化应用软件的评价方法和选择有关系统软件的标准。

一、自动化软件的评价

如何评价一个图书馆自动化软件的质量呢？人们可以用各种不同的标准来进行衡量,但至少应从如下几个主要方面对软件质量作较全面的评价。

1.适应性

图书馆自动化系统应能适应多种不同机型的计算机环境和不同层次的图书馆使用,系统应尽量少受计算机类型和图书馆规模的限制而具有广泛的适应性。

2.易维护性

一个系统研制出来以后,尽管已经过反复测试,但还可能含有错误,这些错误将在系统投入实际运行和应用以后逐步暴露出来,所以在运行阶段还要继续排错。另外用户会不断提出一些新的要求,因此系统需要不断修改、扩充。对于一个好的软件,应是容易维护,方便修改和扩充新的功能且不影响原系统的功能。

3.可靠性

可靠性又包括正确性和健壮性两个方面。正确性是指软件系统本身没错误,在预期的环境条件下能正确地完成期望的功能。健壮性是在万一硬件发生故障、停电或输入数据不合理等意外的环境条件下,系统能按某种预期的方式作出适当的处理,如有效地控制事故的蔓延,不丢失重要信息,并能较快地从故障中恢复,从而避免造成灾难性的后果。

4.效率

效率是指系统是否能有效地使用计算机资源,如时间和空间等。追求效率与追求易维护性、可靠性等往往是相互抵触的,片面地强调节省时间和空间,设计出来的系统就可能结构复杂,难以理解和修改,追求可靠性一般也需要以一定的时间和空间作为代价。

5.易理解性

软件不仅要提供给机器,使机器能够理解并执行,软件还要经常供人阅读(例如为了测试、排错和修改等),所以质量好的软件必须是易理解的。容易理解也是容易维护的前提。易理解性一方面指系统内部结构清晰,对软件人员来说易读和易理解,另一方面也指系统的人——机界面简明清晰,对用户来说易于使用等。

6.可移植性

系统应能用于各种档次的计算机,在计算机配置达到系统基本要求的情况下,机器档次的高低仅能影响系统的规模而一般不应影响系统的功能。就是说,软件系统易于移植到各种不同档次和配置的计算机上,且能使系统正常运行。

综上所述,一个图书馆自动化软件的质量主要应从适应性、易维护性、可靠性、效率、易理解性和可移植性等几方面全面地进行衡量。为了提高软件的质量,在系统开发早期,特别是在分析阶段和设计阶段,就必须采用一定的技术来保证之,而到编程、测试、维护阶段来考虑这些问题就太迟了。

值得注意的是,适应性、易维护性、可靠性、效率、易理解性和可移植性等几个目标之间是有联系,也有矛盾的,如易理解性是易维护性的必要前提,易维护性和效率可能是矛盾的,可靠性和效率也是矛盾的,效率中时间和空间两个因素也往往是冲突的。各个目标的重要程度又随系统的不同而不同,所以在软件开发过程中,开发人员应充分考虑各种可能候选方案,在各种矛盾的目标之间作权衡,并在一定的限制条件下(如研制经费、研制时间、可使用的资源等),使所期望的目标——适应性,易维护性,可靠性,效率,易理解性和可移植性最大限度地得到满足,这样,才能研制出一个具有较高质量的图书馆自动化系统。

二、自动化软件的选择

要确定图书馆自动化软件的选择准则,不是件容易的事。问题是在于要想找到"理想的"应用软件,这种"理想的"软件,不仅从系统的功能、适应的机型、文档结构、系统响应时间、用户使用和价格等方面有不同的要求,而且对于不同的图书馆的业务范围,馆藏情况,服务方式,读者数量等方面有其自身的特点,因而对其选择的标准也不一样。而且在选择一个软件时,还应对软件研制者的水平、售后服务的条件和措施等也应有一个初步的了解。下面将分别从不同角度加以介绍。

1. 软件的功能

要选择一个较理想的图书馆自动化应用软件,首先要考虑软件的功能是否能满足图书馆的实际功能需求,能否适应图书馆各个业务环节如采访、编目、流通、检索、期刊管理等工作流程。同时要了解系统每一个功能模块的各个细节,是否能适应相应的业务工作中的具体要求。例如流通子系统的读者证号码(条形码)所使用的码制,代码中每一位的分配方法,是否有校验位,对读者类型、职务、学历层次等能否加以区分等。

2. 软件的质量

对于一个应用软件的质量,首先要考虑软件的可靠性,即系统稳定性好。即在系统运行过程中不会出现因某些原因而使程序运行中断或非正常退出等现象,而且要求系统中使用的各种文档、记录结构合理,能尽量节省存贮空间,且运行效率高、响应速度快,同时软件的用户界面要十分友好,易于操作。当然还应考虑软件的标准化程度,是否按软件工程的方法组织生产,模块化程度如何?系统所处理的对象——数据的标准化程度,以及软件文本的系统化、规范化,同时还要考虑随图书馆自动化规模的扩大和业务量的增加,软件版本更新和可扩充性如何? 是否容易增加功能?

3. 软件对环境的要求

好软件的适应性如何? 是否可适应不同类型的计算机系统? 特别是对于原来已有计算机的图书馆,该软件是否可在原有机器和操作系统不改变的情况下正常运行,同时还应考虑随图书馆的发展,软件是否可适应新的环境和发展的需要,还要考虑软件版本的升级能力和将来在网络环境下运行的可能性。

4. 软件研制者的基本情况

选择一个好的软件,除了对软件本身的功能、质量诸方面因素进行综合评估和选择,还应对软件研制者的基本情况,如研制组的技术力量、人员素质、管理机制与售后对系统的维护能力、条件、措施等有所了解。

5. 软件的技术资料

选择或购买一套应用软件系统,必须具有较全的技术资料,如系统的技术规格说明书、系统安装手册、系统操作手册等详尽的技术资料。

6. 系统培训

是否能给用户提供良好的培训条件，并能在较短时间内让用户尽快熟悉使用系统。

7. 软件价格相对便宜

图书馆自动化系统的设计者和决策者必须既了解当前市场上获得什么样的设备、软件和现成的数据库，熟知它们的功能、潜力和限度，又洞察其发展趋势和动向，并根据对用户需求的调查与评价和本部门业务的要求，全面权衡，合理选择所需的软件和配置符合实际需要的系统，才能获得满意的结果。

Jeanne M. Nolan 博士在《Micro Software Evaluations》一书中对如何评价与选择图书馆自动化软件作了详细的论述，他首先给出一般选择软件的基本准则，然后根据图书情报部门业务的需要，分别列出了图书采购、编目、检索、期刊管理和流通等各种应用软件选择指南。尽管该选择指南的条款不一定全面，有些内容或许不一定适合用户的实际情况，但是，如果试图建立一个图书馆应用系统，想要选择某种合适的应用软件，该选择软件基本准则仍将对你具有一定的参考价值。

选购应用软件的基本准则：

生产者？

地址？

适应的设备类型？

操作系统？

所需要的特定外部设备？

价格？

来源？

适应的类型和范围？

是否提供硬盘版本？

能适应多用户吗？

能否扩充新的功能？

是否是为特定的图书馆设计的？设计的规模如何？

系统操作与使用是否困难？

能否提供用户培训？费用是多少？

是否容易获得有关的文献？

是否能接受标准机读格式数据？

软件灵活性如何？能否作改变？当用户要求修改软件时，是否另外加价？

软件维护期限是多长？

在系统运行时，是否提供帮助？

在使用这一软件时，是否节省时间和节约经费开支？

软件更新状况如何？是否符合最新的原则？

是否有维护合同？合同提供些什么？

下面分别列出几种应用软件选择指南：

（一）图书订购软件选择指南

（1）．它同编目与流通是否相联系？

（2）．它能否对过期未到的订购书提供及时的报告？

（3）．系统同图书供应商有联系吗？

（4）．它能保存卖主的目录（主题索引）吗？

（5）．它能打印对卖主的通知单或取消预订的通知单吗？

（6）．系统能处理哪些类型资料的订购（图书，期刊，胶片，视听资料等）？

（7）．系统中的财务记账模块能执行下列功能吗？

报告欠账的数目

处理多个账号

报告账目收支与平衡情况

输出各种预算、统计报表

（二）编制目录卡片软件的选择指南

（1）. 该软件会改变现有的目录格式吗？

（2）. 是否提供接口，允许接受其它来源的数据？

（3）. 它能处理完整的 MARC 记录吗？

（4）. 它能自动地印刷附加款目卡片吗？

（5）. 它能允许用户保存编目款目以供以后使用吗？

（6）. 数据记录格式能否容易地进行转换？

（7）. 输入数据的过程是否简单易行？

（8）. 在一张 5 英寸软盘上能存贮多少目录卡片？

（9）. 它能生产书标、书袋及书卡吗？

（10）. 能输出几种形式的目录卡片？

（11）. 它是依照什么编目规则进行编目的？

（12）. 下列著录事项是否包含在卡片上？

索书号

题名

出版说明

ISBN

责任者

责任者说明

丛书项

附加款目

登录号

开本说明

注解

主题标目

版本说明

（三）联机编目与查目软件选择指南

（1）. 系统是否能建立和处理主题规模文档？

（2）．它是否能建立和处理名字文档？

（3）．在主题检索中是否能提供"见"与"参见"的功能？

（4）．检索的专指程度如何？即可以用多少个词进行组配来确定一篇文献作为检索目标？

（5）．通过责任著者、主题或题名查到一篇文献需要多长时间？

（6）．它能产生书目吗？

（7）．用户能确定书目格式及排列次序吗？

（8）．多少个借书人可以同时查找目录？

（9）．系统能告诉用户目录中的资料现状（指被借走、丢失、存在等）吗？

（10）．更新目录记录是否容易？

（12）．它能接受其它来源的机读记录吗？

（13）．书目记录完善程度如何？

（14）．记录的灵活性如何？

（15）．除了图书以外，它能包括其它资料吗？

（16）．读者是否有打印的选择？它们能够打印目录检索的结果吗？

（四）期刊管理软件选择指南

（1）．能处理多少种期刊？

（2）．能编印各种常规方式用的报表吗？

（3）．它能否处理完整的期刊收藏目录？

（4）．它处理的一份期刊记录包括哪些款目？

（5）．系统是否能列举哪些期刊被遗失？

（6）．它能否给用户提供期刊出借情况？

（7）．能否打印出供应商关于遗失期刊的询问信件？

（8）．系统是否有记账功能？

（9）．是否有期刊流通管理功能？

（五）检索软件的选择指南

（1）.系统能处理的文献数据量有多大？

（2）.检索响应时间快吗？

（3）.有几种检索途径可供选择？

（4）.有逻辑组配功能吗？

（5）.有加权检索功能吗？

（6）.是否提供文本检索功能？

（7）.能否进行限定检索？

（8）.有扩词检索功能吗？

（9）.系统能否为用户提供学习检索策略？

（10）.当用户不会使用该软件时,系统能提供帮助吗？

（11）.检索结果输出有几种格式？

（12）.系统中的数据是否可以按标准格式向其它系统提供？

（13）.系统能否接受其它系统提供的数据资源？

（14）.操作使用是否方便？

（六）流通软件的选择指南

（1）.每天的最大流通图书量是多少？

（2）.能处理多少读者？

（3）.它能流通期刊吗？

（4）.它能流通专藏吗？

（5）.该系统能及时告诉读者有关图书的情况吗？

（6）.它能提供图书预约吗？

（7）.它能处理续借吗？

（8）.能允许不同的借期吗？

（9）.能够从责任著者、书名、主题、还书日期及读者名字等来查找流通的数据吗？

（10）.它能打印催还过期图书通知单吗？

（11）.它能生产账单吗？

（12）．它能同采购与预约相联系吗？

（13）．它能识别图书与读者借书证件上的条形码吗？

（14）．它允许人工输入图书与借书人吗？

（15）．它能产生统计报表吗？

（16）．该系统能让用户知道一件特定的资料已流通了多少次吗？

（17）．借书登记部分有足够的空间来容纳借书人的信息吗？

（18）．它能否自动地产生借书人的号码？

（19）．在同一时间内多少人可以使用该系统？

（20）．系统对用户信息保护功能如何？

（21）．当机器断电或发生故障时，系统对文件有保护功能和恢复功能吗？

（七）数据库管理软件的选择指南

（1）．数据库规模的限制是什么（字段、记录、文档）？

（2）．对于较大规模的记录，在一个软盘上能存贮多少记录？在一个 10 兆、20 兆字节的硬盘上能存贮多少记录？

（3）．这是什么类型（层次型、关系型或网型等）的数据库管理系统？

（4）．可以使用的数据库检索方法是什么（布尔、关键词检索等）？

（5）．进行一次查找的匹配需要多长时间？

（6）．要检索某一字段中的子项需花多长时间？

（7）．在主字段中进行检索需花多长时间？

（8）．在次字段中进行检索要花多长时间？

（9）．要把从一个记录中发现的数据同另一个记录中的数据进行组配是否有困难？

（10）．数据库结构已经设计好之后，能否作大的改变？ 如果行，那么有多大的难度？

（11）．能否把文字处理机中的文本合并到数据库中来？

（12）．该管理系统能否调用其它管理软件？

（13）．数据输入模块中的编辑功能是否易于使用？

（14）．这个软件是菜单式的吗？操作简便否？

（15）．这个软件是事先确定格式的数据库，即记录中的数据模块与占用空间，只能有很少的选择，还是该软件接近于数据库发展工具，可以由用户设计实际规模与需占用空间的数值？

（16）．在软件的报表生成模块中是否可以输出不同种类和不同规格的报表？

（17）．是否能提供数值计算和各类统计功能？

（18）．对用户输入数据库中的数据要作成后备副本是否困难？

第四章　图书馆自动化硬件

　　电子计算机在图书馆的应用,使传统的图书馆工作发生革命性的变化。电子计算机是20世纪40年代诞生的一项新技术,到现在仅仅40余年时间,它的发展经历了电子管、晶体管、中小规模集成电路和大规模集成电路四代。与此同时,计算机软件也得到相应发展。计算机最初只有科学计算单一用途,现在已用来进行信息处理、实时控制、辅助设计、人工智能、辅助决策等,几乎涉及到社会生活的各个领域。信息处理作为计算机应用的一个主要方面,它涉及的范围和内容十分广泛,如经济管理、生产管理、办公自动化、医疗管理和诊断。在图书情报工作中的应用,也越来越发挥巨大作用。

第一节　计算机及专用设备

一、计算机基本结构

　　电子计算机是采用电子技术实现数据处理的机器,它由存贮器、运算器、控制器、输入设备、输出设备五部分组成。

　　存贮器(内存贮器)——存贮数据或程序的部件,可由CPU直

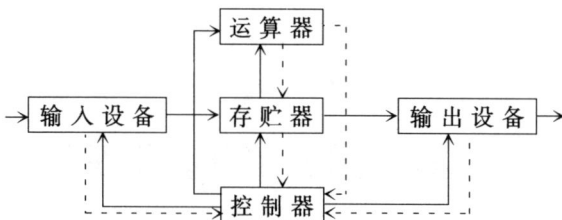

图 4-1 计算机基本结构

接访问。

运算器——计算机的运算部件,用来完成加减乘除等算术运算和逻辑运算。

控制器——计算机的控制指挥部件,通过向计算机的各个部分发出电子控制信号,使整个机器自动、协调地进行工作。

控制器与运算器合称为中央处理器(CPU)。

通常把内存贮器、运算器和控制器三部分称为计算机的主机,计算机进行自动化处理是由主机来完成的。而把除主机以外的其它设备称为"外部设备"。外部设备包括输入设备、输出设备、外存贮设备等。

输入设备——给计算机输入数据或程序的设备。

输出设备——输出计算机处理结果的设备。

图书馆使用的计算机系统,从组成单位来看,有主机、终端、打印机、条码阅读器、卡片打印机等,在主机箱中有 CPU,内存贮器,硬磁盘,软磁盘,磁带机等,这些是必不可少的配置。磁盘和磁带机是计算机的外存贮器,它们是永久性存贮器,用来长期存放书目、读者等各类信息,磁盘和磁带作为外存贮设备,其特点有所不同。磁盘有二种,一种叫作软磁盘,它是软塑料作为盘基,在表面涂有磁性材料,以磁性材料的磁化来存贮数据,按其直径,可分为 8 英寸、5.25 英寸、3.5 英寸三种,8 英寸的存贮量是 512KB(1KB =1024 字节)或 1MB (1MB = 1 兆字节),5.25 英寸磁盘通常使用的有二种,一种是 1.2 兆字节,称作高密盘,另一种存贮量是360KB,称作低密盘,3.25 英寸软磁盘亦有高密(2MB)和低密(1.2MB)二种。软磁盘体积小、重量轻,携带方便,可随机存取。硬磁盘的存贮容量比软盘大,它由一组封闭的金属介质构成,存贮容易,从 10 兆字节至数千兆字节不等,它也可随机存取。磁带是以塑料带作带基,表面涂有磁性材料的存贮介质,它安装在一个轮子上卷成盘状,带宽一般有 1 英寸、1/2 英寸、1/4 英寸几种,存贮容量从几十兆字节到数百兆字节不等。

二、计算机主机的类型及性能

1.市场现有机种类型

从计算机处理能力、运算速度、存贮容量、体系结构等综合考虑,市场计算机主要有以下三类:

(1)微机或超级微机

IBM PC, 286, 386, 486, WANG VS5000, V6000 系列, Olivett5000 系列

(2)小型机

PDP11, VAX3000, VAX4000, MOTOROLA68030, ALTOS486/5000,HP3000,HP9000,IBM – AS400,IBM – AS600

(3)中、大型机

如 IBM4381 等

2.微型计算机的类型

近年,微型机技术发展非常快,应用范围最广,其中某些超级微机性能指标远远超过以前的小型机。当前,市场上的微型计算机类型主要有以下几类:

①个人计算机(personal computer):通常只能提供单个用户使用,运行 DOS,MSDOS,CCDOS,UCDOS 等单用户操作系统。

②多用户微机系统:多用户系统简单讲,是指一个主机连接多

个终端、多个用户同时使用主机,共享计算机的硬件、软件资源和数据资源。硬件资源包括 CPU、内存、磁盘机、磁带机、打印机等,软件资源包括系统软件和应用程序等,数据资源有系统提供的和用户提供的。

③个人计算机网络系统:把多个个人计算机系统联接起来,通过通信线路实现各个微机间的信息交换,实现资源共享。

④多用户微机网络系统:在一定范围内,数台多用户微机包括外围设备联成相互通信的网络,运行多用户操作系统,实现资源共享。

3.计算机的主要技术指标

在选择机型时,需要详细了解计算机各项技术指标,进行各种不同机型之间的比较,根据本馆规模、自动化范围、经费等等,选择合适的机型。计算机的主要技术指标有:

①字长:指运算器并行处理的二进制位数,或输入输出接口并行输入输出的二进制位数。

②内存贮器容量:指内存贮器可存放的数据量,以字节为单位计算。

③外存贮器(硬盘)容量。

④运算速度:指计算机执行指令的平均时间。

⑤外设的配置情况。

⑥软件的配备情况。

⑦汉字处理能力。

⑧联网功能等。

三、外部设备

1.汉字终端

在图书馆使用中,所有的操作命令、数据一般都是通过终端输入,而检索结果等可由终端显示器输出。

汉字终端是使用最频繁的计算机输入输出设备,从外表看,它由显示器与键盘二部分构成,键盘用来输入数据、命令并传送给主机,显示器用来接收显示主机传回的数据及显示由键盘输入的数据。汉字终端内带有汉字库,可直接连接打印机进行终端打印。目前市场上可选择的国产终端有国光 CJ925A,实达 500,实达600,长城,爱华等多种。

2.打印机

打印机是硬输出设备,检索的结果、计算机编辑好的卡片、书本式目录、各种统计报表等,都是通过打印机输出到纸、卡片、蜡纸等介质上。目前常用的打印机有针式打印机,激光打印机等。针式打印机有带汉字库的汉字打印机和不带汉字库的普通打印机,品种类型较多,如 LQ1600K, AR3240,M1724 等。

3.软磁盘驱动器

软磁盘是存贮设备,又是计算机的输入、输出设备,市售软件、机读目录数据如果是软盘介质,都可通过它输入计算机。软盘驱动器一般都是直接安装在主机箱上,随主机一起配套。

4.硬盘驱动器

硬磁盘是计算机的随机存贮设备,具有存贮容量大、查找速度快的特点,是图书馆常用的数据存贮设备。

5.磁带机

磁带机是计算机的一种输入输出设备,通过它可以将磁带上的数据输入计算机,也可以将计算机中的数据输出到磁带上保存。

6.光盘

光盘是用光学方式读写信息的存贮设备,它以大的存贮容量和较低廉的价格,给图书馆大量信息提供了新的存贮手段。光盘存贮技术经过多年发展,基本达到成熟阶段,目前已有产品销售。现在国内许多单位购买了美国国会馆光盘设备及 LCMARC 书目数据。深圳图书馆自动化集成系统研制组和深圳先科激光公司合作,发行 1985~1989 年回溯书目数据光盘版。

根据光盘存贮器的性能和用途,可分为以下三种类型:

(1)只读式(Read only)光盘。

(2)只写一次式(Write once)光盘。

(3)可多次读写式光盘。

只读式或只写一次式光盘因不能多次读写,应用中有一定局限,多用来发行文献、书目等产品。可多次读写式光盘由于存贮器容量大(在一张直径 12 英寸的盘片上,大约可存贮 1000 兆字节以上的信息),在图书情报行业中的应用前景非常好,大容量光盘的性能价格比远远优于硬磁盘存贮器。

7. UPS

UPS 即不间断电源,分为在线式和离线机二种,它具有掉电保护,稳压等作用。

四、条形码阅读及制作设备

1. 条形码简介

条形码是一组平行排列,有一定间隔的粗细不同的一组条纹,它是通过编码的方法,把一组数字、字符变换成一组条纹,印在纸张、塑料等材料上,利用专门设备阅读、识别然后输入到计算机中去。国外条形码技术的应用,至今已有二十余年的历史,作为一种输入设备,它具有保密性好、差错率低、输入及处理省时省力的特点。按不同的编码方式,条形码有多种不同的类型,常见的有:

①UPC 码(Universal Product Code):UPC 码是美国通用食品代码委员会于 1973 年制定的一个全国统一的商品编码标准。在国外广泛应用于食品、百货、日用商品的零售、记账、自动计价售货、商品管理等方面,后来又扩大到仓库、医院、书刊管理等行业。

UPC 码是一种固定位长的连续型条形码(连续形是指黑白条纹均用作编码信息),编码能够容纳 0~9 十个阿拉伯数字,规定每一信息的代码位长为 12 位。

②EAN 码(European Article Numbering):EAN 码也叫国际物品条形码,它有二个版本,一个是由 13 位数字组成的标准版 EAN -13,另外一个是 8 位数字组成的压缩版,EAN - 13 是与 UPC 兼容的码制,其标准长度及格式与 UPC 码相同。

③Cade - 39:三九码是一种自校验、可变长、双向阅读、离散型、字母数字式条形码,1974 年由 INTERMEC 公司推出,是一种应用十分广泛的条形码。

三九码字符集容纳十个数字(0 ~ 9),26 个字母(A ~ Z)以及"一"、"."、"space"、"$"、"/"、"+"、"%"七个专用符号,共计 43 个字符。

④基本 2 of 5 码:基本五取二码是一种离散性数字条形码,能够容纳 0 ~ 9 十个数字。

2. 各种条形码在图书馆应用情况及比较

选择使用条形码,考虑的因素有:较高的编码密度(较小的面积容纳较大的信息量),最大的代码字符集,对印刷、制作技术要求最低,易于识别且误码率低等。截止目前,在应用条形码实现管理的图书馆中,有的用 EAN 码,有的用三九码,就应用情况来看,二者误码率均很低,一般用针式打印机制作的条码,能够被光笔、CCD 条码阅读器输入,正常使用。三九码能够容纳字符等符号,编码信息较长,在一条码中可容纳信息量大,其中可用代码来区分图书类型等(国家有关部门已提出三九码的一套规则,拟在图书馆统一使用三九码),EAN 码由于是连续类型,条码的面积较小,光笔阅读时扫描区域小,EAN 码传送时带有校验码,流通程序中要去掉。

3. 条形码阅读设备

(1)光笔阅读器

光笔阅读器是一种常用、轻便的条形码读入装置,它由光笔、

解码器二部分构成,目前市场供应的产品有:

INTERMAC 9510,9570(美国产)

BTC – 100,BTC – 200(台湾产)

先达 CT – 2000

INTERMAC9510,9570,BTC – 100,BTC – 200 能够配接 PC 机,也能配接终端机,其中 INTERMAC 质量较稳定,寿命较长,但相对价格较高。

(2)CCD 手持条码扫描器(Hand – Held Bar Code Readers with CCD sensor)

CCD 手持扫描器是近年才在国内引进使用的条形码阅读设备,在国内经过二次开发后能够配接 PC 机,也能配接终端,从使用情况看,它的识别性能较强,对一些受磨损,黑色条纹退色的条码,光笔不能阅读,但 CCD 手持扫描器能够准确阅读。由于 CCD 手持扫描器使用时是照射式,不接触条形码,对条形码没有磨损,但目前价格较高。

(3)其它阅读设备

市场上提供的条码阅读设备还有激光手持式枪型条形码扫描器、台式自动扫描器、卡式条形码阅读器等,在国外被用于医院病案管理、身份验证、考勤管理等领域。

4. 条形码制作

图书馆用条形码与物品编码不同,商业物品编码是一个号码标识一个地区一个公司的一种产品。而图书馆用一个条码唯一标识一册书或一个读者,就制作来说,一个图书馆有多少册藏书就必须有多少个条形码编号,每个编号只有 1 ~ 3 个重复,就一个馆来说不适合印刷,比较方便、适用的方法是打印机打印。条形码的打印质量与驱动软件和所用打印机密切相关,如果用激光打印机,质量高于普通针式打印机。

使用色带的针式打印机和激光打印机,印制的条码经过几年使用,条码颜色变化不大,依然可以识别,但经热敏打印机印制的条码,经过一段时间后,黑条纹会逐渐褪色,使阅读产生障碍,特别在高温下,退色速度更快。

现成的条码打印软件现在有许多种,不同的打印软件,对产生的条码质量、打印机的磨损、打印速度都有很大差别,另外打印软件要有一个好的操作界面,随时控制打印情况,调整各种参数。一般来讲,一个条码打印软件应该有下列各项参数设置功能:

(1)条码类型选择

(2)条码高度

(3)条码宽度

(4)条码横向间距

(5)条码间纵向距离

(6)打印版面左空白

(7)条码下是否打印字符

(8)条码黑条纹浓度

(9)自动增值

(10)设置增值步长

(11)设定终值

(12)打印行计数

(13)设定换页行数

(14)同一号码打印份数

第二节　设备选型与配套

一、计算机市场的迅速变化

图书馆实现自动化,特别对藏书量较大的图书馆,实施过程是一个较长的阶段,不能期望一步到位,限于财力、经费等原因,也会有分步走的办法。对图书馆来说,建立起较完善的中央书目数据库,尤其是一个长期、艰巨的工作,因此,首先进行书目数据的准备是非常必要的。目前来看,对许多图书馆,特别是中大型馆分步实施,逐步见效是搞自动化切实可行的方法。

计算机技术的发展,可以说是突飞猛进,性能越来越强,存贮容量越来越大,价格越来越低,因此,所购置的硬件,应在最快的时间内充分利用起来。我们认为"花最少的钱,办最大的事,见最大的效益",这是一个原则。现就五年前与现在市场上相同性能的计算机作比较,价格变化情况如表4-1所示。

表4-1

1985 年	1991 年	说　明
IBM PC/XT, 512KB 内存,10MB 硬盘,一个 360KB 软驱,单色显示器 ￥21000 元	IBM PC/AT, 512KB 内存,40MB 硬盘,360KB + 1. 2MB 软驱,单色显示器 ￥7000 元	后者性能优于前者
super pc 640KB 内存,20MB 硬盘,2 ×360KB 软驱,单色显示器 ￥23000 元	super pc 640KB 内存,2 ×360KB 软驱,20MB 硬盘,单色显示器 ￥4000 元	
ALTOS mc68000 多用户主机,内存 512KB,硬盘 40MB,8 英寸软驱 ￥120000 元	386SX,内存 1MB,硬盘 40MB 360KB + 1. 2MB 双软驱 ￥13000 元	后者性能优于前者

硬件的选择不能今天买,过了一二年就因性能不能满足需要使用而淘汰,这是一种浪费,也不能花大价钱买一台高性能的机器,而在三五年内不能充分利用,这也是一种浪费,所以必须实事

求是,从实际应用的需要出发。

存贮设备价格变化如表4—2所示:

表4－2

1985 年	1991 年	说　明
20MB 硬盘　￥10000 元	40MB 硬盘　￥1000 元	
无	386 机 380MB 硬盘 ￥10000 元	
ALTOS 68000、386 机 60MB 盒式磁带机 ￥20000～30000 元	386 机　60MB 盒式磁带机 ￥4500 元	后者体积是 前者的十分 之一左右

图书馆选择计算机,首先是根据本馆的规模与业务工作情况,其中包括各类型馆藏的,品种数,册数,持证读者人数,外借出纳口设置,读者流通量,读者流通高峰,采购新书量等等,根据规模大小及计算机实施范围,作出对计算机基本指标的需求,然后从市场选择可供机型。

二、根据图书馆规模及自动化实施范围选择计算机设备

要建立一个自动化的应用系统,计算机及其配套设备的选型十分重要,一般地,应根据图书馆的业务范围、馆藏情况、读者数制定出系统规模和机型选择方案。

1.存贮容量的计算及配置选择

图书馆的书目数据一般都是存在硬磁盘上,因而在购置设备时,首先应计算出系统所需的存贮容量,以便选择适当大小的硬磁盘。根据我们的经验,给出以下计算方法供读者参考。

（1）采访子系统

在运行采访子系统时,订购过程的图书,要占用一定存贮空间,以订购一个品种的图书占用空间按 500 个汉字计算(含其它操作所用空间开销），即占用空间为 1000 字节，整个子系统占用存贮空间计算公式如下：

需占用存贮空间 ＝ 每条记录占用字节数 × 年时新书品种数 × 记录保留的时间（年）

（2）编目子系统

按照标准 CNMARC 格式的书目记录，一条书目记录的平均长度大约 300 个汉字，加上分隔符、标识符等数据，共约占空间为 1000 字节。编目子系统所占存贮空间计算公式如下：

需占用存贮空间 ＝ 每条书目记录占用字节数间 × 总藏书品种数

（3）流通子系统

流通子系统在运行过程中，简短书目文档中每条记录约 100 个汉字，即占用 200 字节；读者文档约 130 个汉字，占用 260 字节；每个条码约 22 个字节，加上其它操作功能开销约需 400 字节。具体计算公式如下：

需占用空间 ＝ 简短书目文档中每条记录占用字节数 × 总藏书的品种数 ＋ 读者文档中每条记录占用字节数 × 读者数 ＋ 每个条码占用字节数 × 总藏书册数 ＋ 其它功能操作占用空间 × 总藏书的品种数

（4）连续出版物

连续出版物在图书馆中占用计算机资源比重较小，连续出版物品种有一定限度，按标准 CNMARC 格式，每条主书目记录约 300 个汉字，即占用 600 字节，每条订购记录约 500 个汉字，即占用空间 1000 字节，其它功能操作需占用空间约 600 字节。计算公式如下：

需占用空间 ＝（每条书目记录占用字节数 ＋ 每条订购记录占用字节数 ＋ 其它功能操作占用字节数）× 期刊品种数

另外，操作系统及配套软件、应用软件、系统运行等还需占用一定存贮空间。综上所述，可以得出系统所需的总容量。

硬盘总容量≥采访子系统占用空间＋编目子系统占用空
　　　　间＋流通子系统占用空间＋连续出版物子
　　　　系统占用空间＋应用软件占用空间＋系统
　　　　运行所需存贮空间

2. 实例

下面将通过例子来说明存贮容量的计算方法及主机、终端设备的选择方法。

例 1.10 万册左右藏书量的图书馆

对于此类图书馆,我们不妨设定下列业务参数:

①馆藏主要是中文图书;

②平均复本数为 2 册;

③年进新书量 5000 册;

④持证读者数 5000 人;

⑤外借出纳口 1～2 个;

⑥业务工作有采购、编目、流通、书目检索、期刊管理;

⑦馆藏期刊约 2000 个品种,现刊 2000 个品种。

假定每条订购记录从输入电脑到拷贝存档后删除,以保存 3 年计,那么采访子系统占用空间为:

$1000 \times 3 \times (5000 \div 2) = 7500000 \approx 7.5$ 兆字节

编目子系统占用空间为:

$1000 \times (100000 \div 2) = 50000000 \approx 50$ 兆字节

流通子系统占用空间为:

$200 \times (100000 \div 2) + 260 \times 5000 + 2 \times 100000$

$\quad + 400 \times (100000 \div 2) = 31500000$

$$\approx 31 \text{ 兆字节}$$

连续出版物子系统占用空间为:

$(600 + 1000 + 600) \times 2000 = 4400000$

$$\approx 4.4 \text{ 兆字节}$$

另外,操作系统、实用软件、图书馆自动化应用软件等需要 15 兆字节的空间,系统运行开销约需 20 兆字节,则此种规模图书馆共需硬盘存贮容量计算如下:

硬盘总容量 ≥ 7.5 + 50 + 31 + 4.4 + 15 + 20 ≈ 128 兆字节

下面再考虑终端、打印机等输入、输出设备的配置。

在采编业务中,由于年进新书 5000 册,约 2500 种,如果每个工作日编目一台终端处理 20 种左右,那么 300 个工作日可处理 20 × 300 = 6000 种。

从实际工作来看,一台终端用于编目,再加上统计、查询、维护管理等工作,基本满足需要。同样的方法可以计算出采访所需终端数。我们以表格形式综合各种外部设备的需求如表 4 - 3 所示。

表 4 - 3

业务工作项目	终端数量	打印机	条码阅读器	说　　明
采　　访	1 台			
编　　目	1 台	1 台		
外　　借	2 台		2 套	
检　　索	1 台			
连续出版物	1 台			
主机房	1 台	2 台		
备　　用		1 套		
合　　计	7 台	3 台	3 套	

主机性能及配置要求:

以上分析,所选择的主机,必须能配置以上所需存贮设备,并在各部门同时运行过程中响应速度要快。应该是一台性能较强的多用户微机。选择时考虑下列几项性能指标:

①主频 25MHz 以上

②字长 16 位

③内存贮器容量 4 兆左右(cache 64KB)

④硬盘容量 150～180 兆

⑤带 7～10 台用户终端

⑥须配有磁带机作大量的数据备份

⑦带有 3 寸和 5 寸等两种规格的软盘驱动器

例 2.50 万册左右藏书的图书馆

对于此类图书馆,设定下列业务工作内容、藏书类型、业务工作量:

①馆藏以中文图书为主,中文图书数量为 45 万册,有少量外文藏书,外文以西文为主,数量为 2 万册,另外有部分古籍、地方文献,以及少量的视听资料等。

②中文图书平均复本率为 4 册,外文图书平均复本率为 1 册。

③年进中文、外文新书 1.5 万册。

④持证读者数 3 万个

⑤外借出纳口 4 个

⑥业务工作有:采访、编目、流通、书目检索、连续出版物管理。

⑦馆藏中文报刊 5000 种,中、西文现刊 5000 种。

根据以上参数,存贮容量估算如下:

在采访业务中,假定订购数据在机器内保留 3 年,则采访子系统占用空间为:

$$1000 \times 3 \times (15000 \div 4) = 11250000$$

$$\approx 11 \text{ 兆字节}$$

编目子系统占用空间计算如下:

$$1000 \times (450000 \div 4 + 20000) = 132500000$$

$$\approx 130 \text{ 兆字节}$$

流通子系统占用空间计算如下:

$$200 \times (450000 \div 4 + 20000) + 260 \times 30000 + 22$$

$$\times 500000 + 400 \times (450000 \div 4 + 20000)$$

$$= 98300000$$

≈ 98 兆字节

连续出版物子系统占用空间计算如下：

$(600 + 1000 + 600) \times 5000 = 11000000$

$$\approx 11 \text{ 兆字节}$$

操作系统及配套软件、图书馆自动化应用软件等约需 15 兆字节,系统运行开销约 50 兆字节,所以,对于这种规模的图书馆,其存贮总容量约为：

硬盘总容量 $\geqslant 11 + 130 + 98 + 11 + 15 + 50$

$$= 315 \text{ 兆字节}$$

输入输出等外部设备配置：

根据新书量、处理速度、外借口设置、一般流通量等计算,配置如表 4—4 所示。

主机性能及配置要求：

主机要求能有以上存贮容量及用户终端携带能力,并且响应速度不能降低,特别是全部设备同时使用时,不能有明显的等待。这样要求有一台性能很强的多用户主机,选择时性能及指标如下：

①字长 16 位以上

②主频 33MHz 以上

③内存贮器容量 16MB（cache 128KB）

表 4—4

业务工作项目	终端数量	打印机	条码阅读器	说　明
采　访	2 台	1 台		
编　目	4 台	2 台		
外　借	4 台		4 套	
检　索	2 台			
连续出版物	2 台	1 台		
外文采编	1 台	1 台		
其　它	1 台			

业务工作项目	终端数量	打印机	条码阅读器	说 明
主机房	1 台	1 台		
备 用	1 台		1 套	
合 计	18 台	6 台	5 套	

④外存容量 300MB 以上

⑤带 18 台以上用户终端

⑥配有高速磁带机

⑦配有不同规格的软盘驱动器

此类图书馆全面实现自动化,所需计算机功能较强、配置较多,所需经费较多,另外,建立起完整的书目库需要很长的一段时间(3～5 年甚至更长),那么分步式部分实施也是符合实际的办法,可以先搞采编,逐渐积累馆藏书目数据,也可以先突击搞流通,或者先搞连续出版物管理等。

例 3.100 万册以上藏书的大型图书馆

对于此类大型图书馆,馆藏类型较多,自动化实施较为复杂,目前对日文、俄文图书以及少数民族文字等类图书,处理尚有一定困难,现以某省级公共图书馆为例,讨论自动化实施的范围及计算机指标要求,设定馆藏及业务工作情况如下:

①馆藏图书总量为 200 万册

②年进新书量 5 万册

③藏书类型分别为:

图书

中文	约 86 万册	年进新书	30000 册
西文	11 万册	年进新书	4000 册
日文	2.5 万册	年进新书	600 册
俄文	2.5 万册	年进新书	900 册

连续出版物

中文	5 万册	不超过 10000 种	现刊 5000 种
西文	4.8 万册	不超过 5000 种	现刊 3000 种
日文	1.9 万册		
俄文	1.1 万册		
古籍	46 万册		
善本	7 万册		
其余	10 万册		
持证读者数	10 万		
年借出数	100 万册次		

④有关业务工作及部门

采访

编目

流通

参考咨询

联机检索

连续出版物管理

古籍管理

其它

考虑图书的利用情况,目前计算机系统所能处理的范围,我们选择中西文图书、中西文期刊,在这个范围内考虑,选择计算机指标。

(1)存贮容量的计算

按照与小型馆同样的计算方法,计算如下(中文图书平均复本量以 4 册计,外文图书以 1 册计):

①中文图书采访

500×2×3×(30000÷4) =22.5 兆字节

西文图书采访

$500 \times 2 \times 3 \times 4000 = 12$ 兆字节

②中西文图书编目：

$500 \times 2 \times (860000 \div 4 + 110000) = 323$ 兆字节

③中西文图书、报刊流通：

书目库：$100 \times 2 \times (860000 \div 4 + 110000$
$+ 50000 \div 2) = 70$ 兆字节

读者库：$130 \times 2 \times 100000 = 26$ 兆字节

其它功能操作：$200 \times 2 \times (860000 \div 4 + 110000$
$+ 50000 \div 2) = 140$ 兆字节

合计：236 兆字节

④连续出版物管理：

$(300 \times 2 + 300 \times 2) \times (10000 + 5000) + 500 \times 2$
$\times (5000 + 3000) = 44$ 兆字节

操作系统、配套软件、图书馆自动化集成系统软件等所需空间约为 40 兆字节，系统运行开销 100 兆字节。

以上全部合计，共需硬磁盘空间为：

$22.5 + 12 + 323 + 70 + 26 + 140 + 44 + 40 + 100$
≈ 800 兆字节

（2）主机性能要求

主机要求超过 800 兆字节的硬磁盘配置，能携带 24 台以上的用户终端，并且响应速度要迅速，在全部设备同时使用时，不能有明显等待，这样要求有一台高性能的多用户主机，性能指标如下：

①字长：32 位；

②主频：33MHz 以上；

③内存贮器容量 8MB 以上（cache 128KB）；

④外存贮器容量 800MB 以上；

⑤可带 24 个以上的用户终端；

⑥配有高速磁带机；

⑦配有两种规格尺寸的软盘驱动器;

对于百万册以上藏书规格的图书馆,全面实现自动化,对计算机性能要求更强,硬件配置所需经费更多。下面我们讨论部分实施自动化的配置方案。

（3）设备配制

根据上述计算及初步估算,提供一个设备配制方案,供参考（见表4-5）。

3. 中、大型图书馆自动化部分实施配置。

图书馆从业务工作的流程来看,藏书建设是读者服务、流通外借的基础;书目库建设是联机检索的基础;各类文献和非文献数据库的建设又是参考咨询的基础。图书馆各个业务环节,既有着密切的联系,又有一定的独立性,这样自动化工作就有了分步实施的可能。分步实施,解决了经费不能一次到位的问题,尤其对某些中、大型图书馆,分步实施是一个"多、快、好、省"的方案,它能够充分利用所购计算机设备的资源,不因计算机技术的发展,特别是硬件价格的不断下降,而造成潜在的浪费。下面简述分步实施所要求的配置。

（1）采、编业务的自动化

采访、编目是整个图书馆业务工作的基础,新书的编建库和馆藏的回溯编目工作量很大,目前虽有文化部图书馆自动化集成系统研制组联合建库1985—1989年共6.5万条的书目记录,以及北图发行的部分新书的机读目录,但还是不能达到全面的覆盖,仍有大量的工作要做,自动化工作的开始,编目的业务工作量远远大于正常情况。建立起完整的馆藏书目库对一个50万册以上藏书的馆估计也需要2～3年,或者更长的时间,按照我们的计算方法,所需存贮容量、外部设备的配置要求、响应速度要求及主机配置等分别列表给出（见表4-6至表4-8）

表 4 – 5

业务工作项目	终端数量	打印机	条码阅读器	说明
中文采访	2 – 3 台	1 台		
西文采访	1 台	与西文编目共用		
中文编目	5 台	2 台		
西文编目	1 台	1 台		
流通	4 ~ 6 台		4 ~ 6 台	
参考咨询	1 台			
联机检索	2 台			
中文报刊	2 台			
西文报刊	1 台			
主机房	1 台	1 台		
备用	1 台		1 套	
合计	21 ~ 24 台	5 台	5 ~ 7 套	

表 4 – 6

	50 万册藏书以上	100 万册藏书以上
中文采访	16 MB	31. 5MB
中西采访		16. 8MB
中文编目	125 MB	323 MB
西文编目		
软件及运行开销	30 MB	50 MB
合　　　计	170 MB	400 MB(大约)

所需配置的输入、输出等外部设备:

表4-7

	50万册藏书		100万册以上藏书	
	终端	打印机	终端	打印机
中文采访	2台	1台	2~3台	1台
西文采访	1台	与西文编目共用	1台	与西文编目共用
中文编目	4台	2台	5台	2台
西文编目	1台	1台	1台	1台
合计	8台	4台	9~10台	4台

由外部设备的配置要求,响应速度要求等,主机配置见下表:

表4-8

主机指标	50万册藏书	100万册藏书
字长	16位	32位
主频	33MHz以上	33MHz以上
内存容量	4~8MB	4~16MB
外存容量	181 MB	380 MB
终端数	8台左右	8台左右
磁带机	有	有
软盘驱动器	有	有

(2)流通管理业务的自动化

流通管理工作,直接和读者见面,让广大读者感受到自动化的运作与效率,所以许多图书馆希望先实现流通管理自动化,尽快见到公众效应。

实现流通管理,在书目准备、粘贴条形码、换发条码型借书证等等,工作量较大,下面就硬件配置计算如下:

a.存贮容量

表 4 − 9

	50 万册藏书	100 万册藏书
流通管理	83　MB	140　MB
运行开销	40　MB	60　MB

b. 输入输出外设配置表

表 4 − 10

流通管理	50 万册藏书			100 万册藏书		
	终端	打印机	条码阅读器	终端	打印机	条码阅读器
	4 台		4 套	4~6 套		4~6 套
备用	1 台	1 台	1 台	1 台	1 台	1 台

c. 主机指标与配置

表 4 − 11

主机指标与配置	50 万册藏书	100 万册藏书
字长	16 位	32 位
主频	33MHz 以上	33MHz 以上
内存容量	4~8　MB	4~16　MB
外存容量	120MB 以上	200MB 以上
带终端数	5 台	5~7 台
磁带机	有	有
软盘驱动器	有	有

(3)连续出版物管理自动化

在图书馆实现自动化处理过程中,连续出版物处理是相对独立性较高的业务过程,一般是订、购、验收、登记、装订、编目一条龙处理,由于连续出版物管理由于重复性强、连续等特点,用计算机来管理,更加省时省力。

a. 存贮容量

表 4 – 12

	50 万册藏书	100 万册藏书
连续出版物	11 MB	44 MB
运行开销	15MB	25MB

b. 输入输出外设配置

表 4 – 13

	50 万册藏书			100 万册藏书		
	终端	打印机	条码阅读器	终端	打印机	条码阅读器
连续出版物	3 台	1 台		4 套	2 套	
备用	1 台			1 台		

c. 主机指标与配置

表 4 – 14

主机指标与配置	50 万册藏书	100 万册藏书
字长	16 位	32 位
主频	普通	普通
内存容量	2 MB	2 MB
外存容量	25 MB	70 MB
带终端数	4 台	5 台
磁带机	可无	可无
软盘驱动器	有	有

连续出版物部分所占存贮容量等计算机资源数量相对较小,在存贮容量、主机指标与配置等不作大的变化,就可以与采编部分或流通部分在同一台机上运行。

部分实施与将来全局实施主机的扩展部分实施自动化,选择了计算机设备后,将来本机是否能够扩展包容更多的内容? 如果不能扩展,购买新机是否要淘汰旧机?

一般来讲,计算机的主机在运算速度、存贮容量连接外部设备能力等方面,都能有一定范围的扩充能力,但扩充能力有限,扩充后基本还是在同一档次。对业务自动化扩充范围来讲,如果增加的工作内容,所占计算机资源较小,就可以通过在本机扩充硬件解决,如果所占资源较大,一般来说硬件就无法扩充来解决。例如,如果运行采、编业务系统,如果再增加连续出版物管理,就比较容易通过本机扩充来解决。

实现全部业务的自动化,如果购买新的主机,例如小型或中型机,旧的低档次的主机可以用来作为后备机,保障整个系统,特别是流通工作的正常进行。甚至如果在新购主机性能指标不能达到很高要求时(假如是由于经费限制),也可以考虑用旧主机去处理相对较为独立的业务,例如连续出版管理、情报检索等。

三、硬件设备的几种典型配置

1. 普通386单机系统

主机:386微机,字长16位

      主频　25MHz

      内存　2MB

      硬盘　110MB

      软盘驱动器　　3"1.44MB

              5"1.2MB

      主控台　　14"彩显 VGA1024×768

      4用户卡

      60MB 盒式磁带机

此类配置主机,市场价格在30000元左右,能够用于10万册以下小型图书馆采访编目、流通业务的自动化,所需外部设备及价格如下:

    a.汉字终端　4台(以国光CJ925A价格为例,以下同)

    b.打印机　　2台(以LQ1600K价格为例,以下同)

c. 条码阅读器 1 套（以 CCD 条码阅读器价格为例，以下同）

合计:38 200 元

此配置也可用于 20 万册左右藏书规模的馆进行编目业务工作,建立馆藏书目数据库,此种情况外部设备配置及其价格如下:

a. 汉字终端　4 台

b. 打印机　　1 台

合计:28 200 元

如果用于 50 万册到 100 万册藏书规模馆的连续出版物管理来务工作,独立运行,外部设备配置及其价格如下:

a. 汉字终端　4 台

b. 打印机　　2 台

合计:33 200 元

2. 高档 386 单机系统

主机:386 微机,字长 32 位

　　　主频　33MHz

　　　内存　4～8MB

　　　硬盘　380 MB

　　　软盘驱动器　3"　144MB

　　　　　　　　　5"　12MB

　　　主控制台　14"彩显 VGA　1024×768

　　　8 用户智能卡

　　　60MB　盒式磁带机

此类配置主机,市场价格在 50000 万元左右,适合 20 万册左右藏书规模图书馆采访、编目、流通、联机检索、连续出版物管理业务工作,所需外部设备按下列数量配置:

a. 汉字终端　　7 台

b. 打印机　　　3 台

c. 条码阅读器　2 台

合计市场价格为 60000 元。

此类主机可用于中、大型馆处理采访、编目业务自动化工作，所需外部设备按下列数量：

a. 汉字终端 7 台

b. 打印机 2 台

合计市场价格约为 48000 元，同样外部设备配置，也可用来单独处理中、大型馆流通业务工作。

3. 超级微机 486 系列配置方案

主频 25MHz

主 CPU 80486

辅助 CPU 80386（数个）或 MC68000（数个）

内存 16MB

硬盘 1000MB

软盘驱动器 3″ 1.44MB

5″ 1.20MB

控制台 14″VGA 黑白显示器 640×840

64 个用户终端口

150 MB 盒式磁带机

此类主机，市场售价约 40000 美元（不含进口关税），适合 50 万册到百万册藏书规模之图书馆处理采访、编目、流通、联机检索、连续出版物管理等业务工作，下列外部设备配置数量：

a. 汉字终端 18 台

b. 打印机 6 台

c. 条形码阅读器 5 套

所需经费约为 16 万元人民币。

4. 小型机与中型机系统（略）。

四、多用户微机网络

1. 简介

计算机网络是以共享资源为目的,通过数据通信线路将多台计算机互连而成的系统,共享资源包括共享网络中的计算机硬件、软件和数据。目前,深圳图书馆已经实现并使用 TCP/IP 协议实现的 XENIX/UNIX 多用户微机局域网(属于 NOVELL 网),它是在一定范围内,数台多用户微机包括外围设备联成互相通信的网络,利用同轴电缆或双绞线连接。它不需设立专用的网络服务器,数据库采用分布式管理。网上的终端均可在各主机节点上登录,实现了各个登录用户的资源共享。此网络可适用于图书馆多用户、多任务、多点传输和存取环境。

主要特性有:

· 支持多用户操作环境,可连接足以满足需要的外围设备;
· 可提供每秒 10MB 以上的通讯能力;
· 支持多个服务器;
· 共享文件(数据库)和共享系统内的各项应用软件;
· 可连接中文终端机、打印机、PC 机和工作站;
· 支持多个用户存取网络内各台机器上的数据资源;
· 符合国际网络标准和协议。

2. 应用特点

按 TCP/IP 协议实现的 XENIX/UNIX 多用户网络,能够满足图书馆自动化集成系统运行的要求,能够满足中型、甚至大型图书馆自动化的需要。它非常适合图书馆自动化分步实施的方案,节省计算机资源、节省经费,能够做到步步都见效。这样逐步配置高档微机,逐步联网,逐步发挥效益的做法,最有效地体现了"花最少的钱、办较多的事、见最大的效益"的原则。

更重要的是,安全可靠性高。首先,如果网络中一台机器故障,不影响其它机器的运转,图书馆自动化工作可照常进行,特别是流通业务,可转换到其它机器上运行。其次,由于当前微机较普及,较多运用通用技术,维修、更换部件有保证。

计算机技术的发展,尤其是微机,发展速度日新月异,性能/价格比越来越高,用多用户微机网实现图书馆自动化,比配置小型机所需经费少得多,这对图书馆长期以来经费紧张的局面,无疑也是一个福音。

微机与小型机比较,在机房等环境条件方面要求也低得多,这也是一项不小的节约。微机的维护也比小型机容易,需要的硬件维护人员要少,对于图书馆计算机专业技术力量缺乏的情况,从这一点来说,多用户微机网也更适合图书馆的现有状况。

3. 多用户微机网络的一个模型

使用三台高档 386(指标同上述高档 386 配置)微机,连成局域网络系统。最大能够带 24 个用户,共有 1 千兆字节的硬盘存贮空间,可以适用于 50 万册左右藏书规模图书馆的需要,进行采访、编目、流通、联机检索、连续出版物自动化管理工作。网络系统的费用也只需十几万元人民币。

第三节　ILAS 系统应用实例

目前,ILAS 系统已被推广到国内近 20 个省市的 40 多个不同规模和类型的图书馆并投入运行。有的图书馆已运行达两年以上,有的已建立了一定规模的书目数据库,并在使用中收到了较好的经济效益与社会效益。本节将列举几个应用 ILAS 系统的实例,并分别给出这些馆的规模、藏书量、阅览室分布、读者数、设备配置与使用情况以及系统的运行情况,以供准备开发或引进系统的图书馆予以参考。

一、深圳图书馆

是一个新型的综合性公共图书馆,于 1983 年筹建,1986 年建成,建筑面积 13494m^2。该馆目前已有藏书 50 万册,其中,中文图书 43 万余册,古籍 1.4 万余册,外文图书 4.5 万册;订有中外文期刊报纸 4000 余种,其中外文期刊报纸 1000 余种。

馆内分设社会科学、自然科学、文学艺术、基本藏书、中文报刊、外文报刊、外文图书、特区文献、台港澳资料、少年儿童、情报资料、参考工具书、视听及缩微资料等十四个阅览室,全馆实现计算机管理下的分科开架和分室借阅服务方式。平均每天接待读者 4000 余人次以上,到 1990 年底为止,已有持证读者 37000 多人。

该馆从 1986 年开馆时已正式使用"实时多用户计算机光笔流通系统",1988 年承担文化部下达的"图书馆自动化集成系统",经过三年的系统研制工作,于 1991 年 11 月,该系统通过部级鉴定。ILAS 系统在该馆全面投入运行后,使图书馆业务中的采访、编目、流通管理、情报检索、期刊管理和参考咨询工作全部实现了计算机自动化管理。目前,该馆配置的计算机设备有:

1. Apricot 486 超级微机系统

这是一台多用户超级微机,主机 CPU 为 80486 芯片,时钟频率为 25MHZ,内存 16MB,硬磁盘容量为 1048MB,带有一个 3 英寸和一个 5 英寸软盘驱动器,另配 150MB 高速磁带机,带有各种中英文终端 32 台(最多可接 128 台)。

2. 386 网络系统

这是一套采用 TCP/IP 协议实现的在 XENIX 支持下的多用户微机局域网络,采用以太网(Ethernet)把多台 386 多用户微机包括外围设备联成总线型网络。目前,该馆已把三台 386 微机联上,共带硬磁盘 1140MB,支持中英文终端共 26 台,打印机 9 台,并带有高速磁带机和 7 台条码阅读器。

3. DIGICOM 386 单机系统

这是为一般小型图书馆配置的一套价格较为低廉的单微机系统。该机的主机为 80386 芯片,时钟频率 33MHz,内存 4MB。外接 8 用户智能卡另加二并一串接口,可带 10 个用户终端和一台打印机及 CCD 条形码阅读器。配有 380MB 硬磁盘和 60MB 的高速磁带机及两个软磁盘驱动器。目前,该机主要供研制组用于系统研制、开发等工作。

二、天津图书馆

天津图书馆是一个拥有 280 余万册藏书的省级公共图书馆。总建筑面积为 $37000m^2$,全馆共设阅览室 29 个,座席 2000 余个,现有四个图书外借出纳台。

近建新馆于 1991 年 12 月 26 日正式开馆,在此同时,引进的 ILAS 系统的采访、编目、流通等子系统正式开通并投入运行。

该馆配置的计算机系统设备为:三台 386 超级微机,每台的内存为 4MB,各配有 380MB 的硬磁盘,并带有 150MB 高速磁带机,每台均带有 5 英寸和 3 英寸的软磁盘驱动器,现已配 CCD 条码阅读器 4 套,共带中英文终端近 20 台,打印机 8 台。

三、黑龙江省市级公共图书馆

黑龙江省市级公共图书馆是在省文物管理委员会的直接领导、组织与倡导下,于 1990 年初引进 ILAS 系统,并于 1991 年 3 月,同时在牡丹江、佳木斯、大庆、鸡西、伊春五个地市馆试运行 ILAS 的编目子系统。

黑龙江省图书馆是 ILAS 系统的参加研制成员馆之一,曾选派人员参加该项目软件研制工作和书目数据库建库工作,并于 1991 年 1 月在黑龙江省馆成立了"图书馆自动化集成系统推广站",负责有计划、有组织地在该省范围内进行推广、业务咨询与系统维护等工作,并代为进行用户培训。

黑龙江省馆及各地市馆在引进 ILAS 系统时,充分考虑到在本地区范围内能尽量共享数据资源,便于系统维护,各馆统一引进 386 超级微机系统,并根据各具体馆的藏书数量和发展规模,配置相应大小的硬磁盘等存贮设备。

现在,该图书馆及其推广站吸引了越来越多的各级各类图书馆,形成了一个由上级部门统一领导和组织、各馆间相互协调,共同合作、资源共享的较规范化的图书馆自动化新局面。

四、北京崇文区图书馆

这是一个典型规模的区级图书馆。总建筑面积 5000 多平方米,藏书 25 万册,设有 3 个阅览室,共计座位 282 个,两个流通窗口,馆内现有工作人员 56 人,各类读者 10000 多人。

该馆于 1990 年 8 月正式使用 ILAS 系统,馆内的计算机设备配置情况为:主机为 AST386/25,内存 4MB,外存硬磁盘 150MB,4 台国光 J925 型显示终端,1 台 LQ1600K 打印机,2 支 Intermec 9510 条形码阅读笔。

目前,该馆的采访、编目、联机检索和流通管理均实现了计算机自动化管理,使图书馆管理工作出现了一个新的局面。

五、上海市静安区图书馆

上海市静安区图书馆是一个区级图书馆,馆内藏书 30 万册,设有社会科学、自然科学、报刊三个阅览室,设有借书、还书两个流通窗口。该馆共有外借读者 10000 人左右,每天进馆阅览人数平均 700 人次,高时可达 1000 人左右。

该馆从 1989 年着手进行图书馆自动化管理的准备工作,1990 年开始运行 ILAS 系统。馆内配置的计算机有一台 386 超级微机,内存 4MB,原配硬磁盘为 80MB,以后扩充到 380MB,系统联接 4

个用户终端,其中外借使用 2 台,带条码阅读器。采编用 1 台,主控室 1 台。其它外部设备有 60MB 高速磁带机 1 台,打印机 1 台,软磁盘驱动器 2 台。

第五章　图书馆自动化应用环境

第一节　图书馆自动化应用环境问题的提出

一、开展图书馆自动化的条件分析

建立一个图书馆自动化系统,需要哪些条件?

初看起来,这个问题似乎很简单,回答也容易,有了计算机就行了。买一台合用的计算机,图书馆自动化就搞起来了。

但是人们经过认真思考,进一步认识到,只讲机器,似乎太简单了。只有硬件不行,还要有应用软件;只有硬、软件还不行,还要有处理对象。因此,逐步较全面地将条件归结为硬、软、库三个字。"硬"指计算机硬件;"软"指图书馆自动化应用软件;"库"指数据库,即各种机读目录以及其他机读图书情报数据库。

很明显,上述条件是必须的、基本的。但是,通过对国内外图书馆应用计算机的情况分析和研究发现,仅有上述条件仍然是不够的。

还缺什么条件呢? 在图书馆工作应用计算机的研究与试验中,总感到还有一股强大的力量在制约着应用工作的开展,在左右着应用工作的开创和发展。这种力量不是单一的,是复杂的,有多种因素,难于赋予一个统一的名称。归结起来,似乎用"环境条件"来概括比较合适。

118

环境条件又可称为"应用环境",涉及到一种业务,一个单位,更涉及到社会情况。同样的硬、软、库条件,在一个国家或地区、单位,能建立一个合用的系统,在另一个国家或地区、单位,很可能建立不起来,或建立了但维持不下去。这是一个起初难于感觉到的无形的条件,是一个强大的制约因素。

这样,图书馆自动化的条件,可以归结为两个大的方面:一是建立系统本身应具备的条件,即硬软库;另一个是复杂的多因素的应用环境条件。

二、图书馆自动化的四大要素

总结国内外图书馆自动化的开创和运行的实践,归结起来图书馆自动化有四大要素:应用软件,计算机系统,数据库和应用环境,简称之为软、硬、库和环境。

图书馆自动化应用软件是指在一定的系统软件(主要是操作系统)管理之下能操纵计算机自动进行图书馆的各项业务和管理工作的计算机程序及其文本,按其所能完成的工作分为若干个子系统。计算机系统是指图书馆自动化各项工作所用计算机硬件和系统软件。数据库是指完成图书馆自动化各项业务由计算机所处理的各种相关数据集合,依数据类型不同又划分为多种数据库。

图书馆自动化软硬库这三要素类似于构成生产力的三个实体性要素:劳动者、劳动资料和劳动对象。其中劳动资料指劳动工具和劳动条件两个部分,劳动对象指通过劳动工具将劳动能力作用于其上的物质。所以讲"类似",是因为:①应用软件是图书馆各项业务和管理工作经软件人员复制、抽象、升华和信息化后所形成的计算机程序及其文本,它是图书馆劳动者(图书馆员)之工作内容、工作秩序和智慧的结晶,虽然图书馆员未出现于软件之中,但应用软件体现了图书馆员的意志,也可以讲,它有如信息化了的图书馆员;②计算机硬件就是进行图书馆自动化的劳动工具,它同其他自动化所必需的劳动条件(如机房、供电、通信等)一起构成了图书馆自动化的劳动资料,起着组成生产力的劳动资料因素相同的作用;③各种数据库及信息化了的图书馆各项工作(包括工作内容、工作秩序、工作要求等等)也就形成了图书馆自动化的劳动对象。

应用软件是三者中主体,它对硬件与数据库起着控制作用,它也是通过硬件作为工具再作用于处理对象(库等),这些关系同生产力三个实体性因素之间的关系也是雷同的。上面用到了"信息化"这个词,专门用于指"转换为计算机可读形式",因此各项图书馆工作"信息化",即指将其内容通过专门方式已经转为机读形式。

对于生产力来讲,除三个实体性因素,还有两个加强性因素即科学技术和教育,两个运筹性因素即管理和信息。对于图书馆自动化来讲,虽不可能完全找出相对应的要素,但图书馆自动化除了上述三个本身固有的要素外,也确实还存在一个包括许多因素在内的强大的制约性要素,统称环境条件,教育培训、科技发展、管理与信息当然是其中的几个因素。从这个方面,也不能不讲,图书馆自动化的第四大要素同生产力三大因素之外一些因素的总合,也有许多类似之处。

在这里,我们借用生产力因素的理论来理解图书馆自动化的四大要素,是借助于一个成熟的学科来理解"图书馆自动化"这一新兴专业中一些初被"拓荒"的新概念及其关系。

三、图书馆自动化应用环境的基本内容

图书馆自动化应用环境是一个非常笼统、概括性的概念,其本身包括了许多内容。首先将这一概念划分为馆内应用环境和馆外应用环境两大部分。

馆内应用环境主要又包括五个因素:①全馆人员对图书馆自

120

动化的认识与舆论环境;②业务环境;③工作人员结构素质因素;④组织管理因素;⑤馆内的后勤条件等。

馆外应用环境有四个方面:①图书馆自动化相关的科学技术环境;②图书馆自动化有关的信息环境;③馆际环境;④社会环境。

四、研究与学习图书馆自动化应用环境的意义

研究这一问题之前,先举一个可能会有助于理解它的例子。毛主席总结农业发展的诸项因素,提出了农业的"八字宪法"即水、肥、土、种、密、保、工、管。其中"肥"指肥料,"土"指土壤,"种"指种子,"密"为合理密植,"保"为水土保持,防止水土流失,"工"指农业工具,"管"指农作物田间管理等。仔细分析一下,八项因素的多数属于环境条件,对此,毛主席要求作为农业的"宪法"来执行。环境条件的重要性,明显可见。

通过上述例子,不难理解"应用环境"对图书馆自动化的意义:

①. 应用环境是图书馆自动化四大要素之一。不研究应用环境问题,则图书馆自动化在专业上是不完整的,在理论上是缺陷的;不了解与解决应用环境问题,在实践上图书馆自动化是建设不起来的,或勉强建起来也不可能维持下去。因为环境将制约或阻止"系统"的建立与发展。

②. 从对图书馆自动化的认识来讲,应用环境这一概念的特点是"新"和"软"。"新"是指以前没有提出这一概念,缺乏认识与深入了解;"软"是指其不像硬件、数据库那样能摸得到或看得见,或像软件那样"人所共知",因之它比软件还"软"。这样一个图书馆自动化不可缺少的重要环节,既不被认识,又不易被人了解,常常被忽视,当然更不可能采取措施解决问题。这一倾向对图书馆自动化建设是极为危险的,再不扭转将会潜伏危机。因此,目前强调研究与学习应用环境问题是必要和急需的。

③. 从对图书馆自动化的实践来讲,应用环境中的许多因素应该超前解决。从应用环境的基本内容可见,其中许多因素需要在设备安装之前先解决好;否则,设备到后才想到,势必让设备闲置,浪费财力,物力,且将使工作临阵抱佛脚,手忙脚乱。因此,领导和从事自动化建设的人员,应尽早提前了解、认识、学习与研究应用环境的理论与实践问题,这对提前准备好自己工作,搞好规划、计划和工作是必须的,对自动化的具体实施将会有实际的指导意义。

第二节　馆内应用环境

一、认识和舆论环境

1. 自动化是图书馆的一场空前而深刻的变革

计算机应用于图书馆,使图书馆发生了前所未有的新变化。生产工具的革新,是社会发展的先声;现代化技术的采用,是图书馆现代化的先兆。在这方面,电子计算机又不同于人类有史以来所采用的其他所有技术,其根本特点在于:

①计算机是人类大脑之延伸。它能代替工作人员,进行图书(信息)的加工、处理、检索与提供等图书馆主要工作,如采购查重、新书刊登记、统计报表、编排目录、打印目录卡片、借还登记、催书预约、停借罚款、编制索引和参考咨询等。这一切,不是原样复制,缩小放大,搬搬送送等的机械变化,而是代替人的智能,对信息进行加工与处理,改变图书和情报等信息的内容与形式,从而能以图书馆工作者和读者所需要的内容、形式和方式,高速度高水平地提供信息服务。

②计算机应用于图书馆,不是仅仅作用于某一局部,而是作用于整体。计算机应用于图书馆从采、编、流到情报服务等工作流程

的各个环节,它可用于图书、期刊、报纸、缩微资料、声像资料到逐篇文献等所有文献类型,从内部工作到服务读者,从业务工作到图书馆的人、财、物管理等等。一句话,它作用于图书馆工作的总体,因此称为计算机化的图书馆工作,或建立在计算机技术基础之上的图书馆工作。

③在图书馆诸项现代技术的应用中,计算机技术是中心环节,它能带动其他新技术的应用和发展。计算机与通信技术相结合形成现代化的图书馆网,计算机输入和输出缩微品(CIM 与 COM),计算机控制声像设备,计算机控制图书传送设备等,都说明计算机是这些新技术的带头技术,未来的趋势是形成以计算机为核心的现代技术体系。

2. 面对变革的认识和舆论

计算机是一种新技术,历史发展说明,一种新技术的崛起,必将引起人们意识的"地震"和变化。例如,新技术决定工作的分工程度、工作进度、工作方式与组织管理,进而要求人们要具备一定的文化与技术水平,要学习新技术,再进一步则影响到人们在工作中的分工、地位、工资,甚至就业的变化等等。在资本主义社会,一种新技术的采用,往往引起工人们的"疏离感",表现为无力量感、无意义感、孤立感和自暴自弃感等等,若资本家处理不好甚至引起工人罢工。因此,一种新技术的引入,必将对相应的工作产生影响,同时也必将对从事这一工作的人产生影响,包括认识、心理与切身利害的影响,影响的大小视这一新技术对现有工作影响的大小。而对于引起许多工作发生革命性变革的计算机引入来讲,对人们的相应的影响就大得多,下面分述之。

①认识上的影响:由于知识与文化水平的不同,社会阅历的不一样,人们对计算机引入的认识会差别很大,并且由于认识的不一致而使态度也相异。态度不外几种:一种积极支持,认为会促进图书馆现代化,并全力促进计算机的实现;一种比较消极,认识不到

其深远意义,不太支持;一种处在中间,引入与否无所谓。

②心理上的影响:图书馆采用新技术,电子计算机的应用在一定程度上会提高图书馆地位与现代化水平。因此,从心理上,一部分对此有认识的人会产生骄傲感、会使用计算机的自豪感、地位提高感等。同样,也有的人因为认识不到或计算机引入中出现了各种各样问题,产生一种不信任感等等。这些因素需要细致地调查分析,在计算机应用过程中,会出现多种促进或阻碍应用的心理因素。

③利害关系的影响:新技术的引入必将因其影响到工作方式方法并需要人们重新学习,从而涉及到工作人员的利害关系。如原来多年熟悉的工作需要放弃,需要重新学习计算机使用和随之而来的新的工作方式方法,这样相应会对业务水平之高低,熟练程度,对业务的发言权和相应的地位等等产生微妙影响,不可避免地会产生利害关系的变化。这种变化反映到对应用计算机的态度上,会产生积极与保守、支持与消极两种人。

3.抓住正确的舆论导向

上述三种情况都会影响到工作人员对计算机应用形成支持或消极两种态度,这是对新技术应用的反响,是正常的。但是,鼓励和支持积极态度,化解消极态度,变消极为积极,从而使全馆团结一心,促进现代化实现,这是极重要的一项任务。

化消极为积极的办法,应按其所以产生消极的根源,对症下药。一要多讲多培训,提高对自动化的认识水平;二要引导积极的心理因素,消除消极的心理因素;三要解除工作人员对计算机应用的后顾之忧。总之,应从培训与实践中提高认识,解除顾虑,在计算机应用的始终,均要抓住正确的舆论导向,使"意识形态"能直接积极作用于"生产力"的发展,减少阻力,使舆论能促进自动化的创建和发展。

124

二、业务环境

1. 图书馆业务的一场革命

作为高新技术的计算机进入到图书馆,直接作用于图书馆的各项业务工作,包括书目数据库在内的这些业务工作,同书目数据库一样,成为了计算机这一生产工具的"劳动对象"(当然这些业务工作内容事先必须转换为信息化了的机读形式)。因此,业务环境对计算机应用的适应与否,将最直接最明显促进或阻碍图书馆自动化的创建与发展。

自有图书馆以来,图书馆的业务工作均靠人的手工劳动,同这种生产工具相适应而使业务工作形成了一整套工作体系、内容、模式与方式方法。现在,图书馆自动化将用计算机取代人的手工(部分或全部),现代化智能化生产工具的使用必将冲击或打破同落后的手工劳动相适应的那一整套图书馆业务工作体系与做法。因此同计算机应用引起许多行业发生变革一样,图书馆自动化也必将引起图书馆业务工作的总体发生一场深刻的或革命性的变革,这是不依人们意志为转移的,它同18世纪蒸汽机进入手工作坊所引起的工业革命是同一道理。并且,由于图书馆工作本身就是一种信息工作,其繁琐、大量、重复的文字处理及其有序化工作的特点,更加适用于作为信息处理机的电子计算机的功能,互相结合与促进,因此计算机影响图书馆业务工作变革之深、变动之大和变化之速,又是大多数行业所望尘莫及的,这一点已由国外和国内的计算机应用的发展史所证明。因此,计算机应用于图书馆所引起的深刻变革称为"图书馆的一场革命"是毫不夸大的,是符合实际的。对此,图书馆领导者、图书馆工作人员以及从事图书馆自动化的专业人员,都应有深入的认识、充分的准备并积极投入相应的实践,以做到高瞻远瞩。

以流通工作为例,来说明这一场革命性的变化。对手工流通工作系统来讲,传统的流通书库均是闭架管理,常规做法是,读者到馆借书要先查目录,再填写借书条,填好后交图书馆出纳工作人员,再由出纳人员自己或送给典藏人员(视图书馆大小与管理办法),到书库找借条上所要的书,找到后将书交给读者并进行借书登记,排借书条,最后进行借书统计;如果书已借出或读者填写有误,则取书前的双方工作均为"无效劳动",还要重新查目再开始新的一轮手续。这样的借书手续,对读者和管理人员都是一种不堪忍受的负担,费时、费力、繁杂、低效、易错。计算机流通工作系统则有天壤之别,改闭架为开架借书,读者不用填写借书条,可以自行到架取书,采用条码及其识别设备只要几秒钟即可办好借书手续。对出纳人员来讲,省掉了到库取书、登记借书证、排借书条和借书统计等工作,一切皆由计算机自动来完成,省时、省力、简单、高效、准确,并且其统计、催书、罚款、预约、注销、图书与读者查询等自动和快速功能,是手工流通系统无法达到的。这种流通工作质量之准确、速度之高效、功能之突破与创新,完全是一种质的飞跃,而不仅仅是量的变化,这不正是一种革命性的变革吗!

2. 为图书馆自动化开拓适宜的业务环境

为实现图书馆业务工作的这场革命,需要首先做到的是创造非常适宜的业务环境。以流通系统的自动化为例,需开拓的业务环境涉及到下列一些方面:①改流通书库的闭架管理为开架流通;②装设图书保安系统;③用于流通的全部藏书均要清典一遍,使书与目录达到一一对应;④购入或自行打印条码并为每册图书粘贴条码,最好每册书贴上两个条码;⑤为每册书安装磁条;⑥在全馆主书目库未建成前,对流通的每种书的主要书目信息均要输入计算机并建立简易书目文档;⑦进行全馆读者的重新登记;⑧将每位读者登记的信息输入计算机并建立读者文档;⑨为每位登记的读者制作一个机读形式的借书证。这几项工作完成了,流通工作计算机化在业务上的应用环境才算具备。但是,这九项工作,即使对一个仅有十几万册藏书的小型图书馆,工作量也是相当惊人的,从每册藏书到每位读者都要做工作,而且不仅一项工作,形象的比喻,要使整个图书馆"天翻地覆"。可见,实现流通工作的这场变革,首先要进行业务环境的一场"革命"。

3. 图书馆自动化业务环境的内容

前面讲到图书馆自动化将引起图书馆业务工作的一场革命,因此,实现图书馆自动化必须首先开拓出适宜的业务环境,下面介绍业务环境所涉及的范围与内容。

在这里,"业务环境"这一概念应包括业务体系、工作内容、工作模式、工作方式方法、工作组织以及反映这些内容的规章制度、工作细则和业务管理等全方位的图书馆业务内容。

开拓图书馆自动化的业务环境,也就是将过去历史形成的适宜于手工图书馆工作系统的业务环境改造成能适宜于计算机化图书馆系统的业务环境。这种改造就其范围与内容来讲主要是包括:①改造业务环境的不适宜部分;②摒弃业务环境同自动化相背逆的部分;③开拓出新的自动化所需要的业务环境。

下面就图书馆自动化的实践,说明开拓适宜的业务环境事例。

(1). 图书馆业务体系的相适应

首先是图书馆藏书管理体系由闭架改变为开架以适宜于流通自动化,它同时引起图书馆藏书和借阅管理办法、服务方式方法以及相应规章制度、工作细则等一系列变化。开架是图书馆藏书管理体系和服务方式的一次根本性变革,将改变图书馆在社会上的形象,由旧式的藏书楼跃为开放式的现代图书馆。

业务体系另一个重要方面是图书馆目录体系,机读目录的出现及其明显对卡片目录与书本目录的优越性,冲击了旧式目录体系,"联机革命"使机读目录的联机查目或完全取代卡片目录或者因藏书量大部分取代卡片目录,从而使目录体系多元化(书本目录、卡片目录、缩微目录与机读目录之并存),增强了目录功能,改变了使用方式。

自动化同时也影响到图书馆服务体系的变化,随着开架借阅与各种数据库相继建立,促使图书馆的服务体系从以办理借阅手续为主逐步过渡到以情报与信息服务为主,强化了图书馆的情报功能。

上述三例虽非图书馆业务体系的全部,但其适应于自动化的变革,亦必将影响整个图书馆体系的相应变化。

（2）.图书馆各项工作内容及其做法的"信息化"

各项工作的自动化,必须使各项工作内容能由计算机按其具体做法进行相应处理,为此必须将这些工作内容连同其具体做法（有些还应进行相适应的改造或优化）加以"信息化"（机读化）,将其内容转换成了各种数据库,将其做法转换为程序,以指挥计算机按"做法"进行处理。"信息化"的工作是普遍的、大量的,也是自动化最基本、最基础的工作。采购库、出版社库、财经库、书目库、读者库、报刊库、各种参考咨询数据库等等以及相应的程序,都是在对手工业务环境进行改造、摒弃、创新的过程中所产生的。

（3）.业务工作方式方法的变革

自动化的实现使图书馆业务流程上的主要工作,如采访、编目、流通、目录查询、连续出版物管理、参考咨询与情报服务等均用上了计算机,业务工作由手工转到了自动化轨道上来,工作和服务的方式方法必将发生根本性的变化。这方面的变化是最明显的、最广泛的,几乎影响到图书馆的各个业务工作部门。环境方面的适应工作是大量的,涉及到每一个工作人员与每项业务工作。

（4）.业务工作法规、制度的变革

自动化使原来手工工作所遵循的条例、标准、规则等亦发生了相应的变化,舍弃了一些过时的,同时制订了一些新的标准、条例和规则。这方面变化最大的是编目工作。老的著录法让位于适用于手工和机读目录两者的国家标准,机读目录格式、主题法以及各种代码随机读目录而出现了,各种规范处理也提到议事日程。这一切,使图书馆编目业务环境发生了全新的变化。

综上所述,图书馆自动化对业务环境所要求的适应性变革是全面而深刻的,通过对这些内容的概括与说明,读者可自己在实践中进一步深入体会。

三、工作人员的素质因素

1. 提高工作人员的素质是自动化成败的关键

尽管软件体现了图书馆工作人员的意志,但并不能完全代替人,只能取代图书馆员的部分工作。自动化四大要素只有通过掌握图书馆自动化知识和技能的人才能运作,因此关键是工作人员总体素质的提高。工作人员素质有多个方面,这里强调的是文化素质和技术素质,特别是要掌握图书馆自动化基础知识和业务技能。

2. 大力开展图书馆自动化的培训

在着手自动化工作之前,应在全馆开展培训工作。再教育是提高业务素质的新手段,是科技转化为生产力的桥梁。首先要对全体人员进行自动化基础知识的培训,逐步提高全体人员的业务素质。其次要对计划实现自动化的部门进行重点培训,内容一是知识方面,二是技能方面。例如对采编人员要进行图书馆自动化、计算机和机读目录等基础知识的全面培训,同时要让他们实践,从中学习机读目录编制与计算机操作的基本技能。第三要培养或引进少数既懂图书馆业务,又懂计算机技术的图书馆自动化专业人才,以建立或充实自动化组织。

图书馆学是一门实践性较强的学科,因此,图书馆自动化基本技能的培训是极重要的。通过对大量实践的总结,可以这样认为:计算机的操作与使用,书目数据库的编制与检索,应是未来图书馆员的两项基本功。对实现自动化的图书馆,应要求全体业务人员与有关的行政人员均能掌握这两项基本功。

3.适当改变图书馆工作人员的结构

计算机应用是高新技术,虽然并不要求也不必要每个图书馆都编制软件和维修硬件(这要靠社会化来解决),但由于每个实现自动化的馆都有计算机在运行,因此适当配备技术人员是必要的。每个馆视自动化系统的大小,设两个左右的图书馆自动化专业人员是需要的,但不宜过多。

实现自动化的馆应设立自动化发展组或计算机组,放在技术部内或独立建制。这个组的人员构成为:系统人员(包括数据库管理人员)和操作人员。前者负责整个系统的发展、系统维护和全馆数据库的总控制(数据库管理员),后者负责系统的日常运行。当然,对较小的图书馆因人力所限,也可将两种人员的职责合二为一。

四、组织管理因素

1.组织管理因素的作用和内容

组织管理因素是图书馆自动化所有要素或因素中的"组织件",将所有因素合理地组合起来,起"粘合"作用,它既管理硬、软、库,又组织人力,控制财、物及应用环境,对图书馆自动化诸要素进行总控。因此,其对自动化的作用是关键性的。

组织管理包括五个方面,即计划、组织、指挥、协调和控制。具体讲包括制定自动化的长远规划和短期计划、实施方案,决策自动化的方针大计,选定具体负责人与专业人才,组织培训与实施,协调各部门与各方面的配合等等。

2.自动化实践中的几个管理问题

总结图书馆自动化实践,有几个组织管理问题值得注意,解决好了会创造出一个适宜的且能推动自动化发展的管理环境。

①馆长挂帅。看起来是老生常谈,什么都要第一把手抓。但

是,图书馆自动化确实要第一把手挂帅,否则很难成功。因为图书馆自动化关系到一个馆的全局,是一个馆业务上的革命,涉及到人、财、物各个方面且工作量之大也将牵动全馆,事关全馆各个部门,一旦上马就将逐步深化变革整个图书馆工作。这样一件关系到图书馆"命运"的大事情,让分管馆长、职能部门或专业部门中的哪一个人都无法抓起来,即使让他们挂帅,最后许多事还是要找到真正的"帅"。事实证明,凡馆长挂帅的单位,自动化实施就较顺利;反之,困难重重,处处受阻。这是经验之谈。

②灵活的工作班子和严密的管理制度。馆长挂帅并由有关人员组成一个 3～5 人左右灵活的工作班子。同时,在自动化创建进程中,逐步建立严密的管理制度,包括规章制度和工作细则。开头不成熟不要紧,可逐步修改,但一定要有,不能无章可循。漏洞百出和杂乱无章的管理是图书馆自动化的大敌。

③慎重决策。图书馆自动化是以计算机应用为核心的一项系统工程,是由多种新技术构成的一个综合系统,是由多种复杂的因素构成的一个有机整体。即使就其中一种因素,如硬件系统,也是由主机、打印机、终端机、UPS 和条码阅读设备以及操作系统、DBMS 等等互相匹配有机结合而形成的一个计算机系统;这一硬件系统又要同软、库相结合并生存和作用于应用环境之中,而应用环境又是由多个复杂因素结合而成。整个系统还要考虑同外界系统的联网与共享。这一切,简单的决策能符合实际和客观规律吗?

面对这样复杂的系统工程,不太懂得计算机的图书馆领导和仅懂得硬件或软件或数据库局部知识的几个专业人员。怎样进行决策呢?对待现代化的事情应采用现代化的办法,即采取社会化的咨询办法,请有关专家、单位或公司进行专门咨询,提出方案,进行多方案比较,从中选出合适方案。切记不能有自给自足的小农经济思想,一切靠自己,对现代化来讲,此路不通!

④全馆一盘棋。自动化涉及到全馆各种资源的使用,关系到

各个部门的工作,需调动各方面的人员共同完成。因此,全局观点,集中兵力打歼灭战的战略观点,集中财力、物力用于刀刃上的观点都必须具备,这就要求处理好各个部门、各个工种之间的关系。这里尤其重要的是处理好业务部门同行政部门之间的关系。这里,全局思想、和谐的人际环境和融洽的工作气氛会形成实现自动化的一种凝聚力。

⑤严格的要求与严谨的工作作风。现代技术应有现代化的工作作风相适应,硬、软件的掌握与维护,数据库的建设与高质量要求,多项应用环境因素的相互匹配,都要求图书馆自动化的工作者有一丝不苟、科学而严谨的工作作风,为此从上到下必须按新的规章制度与工作细则严格执行,并要有监督的措施和奖罚办法。松垮的作风和不断出现的差错将是自动化的蛀虫,时间略长将会毁掉自动化大厦,对之绝不能掉以轻心。

五、后勤条件

对自动化来讲,后勤是一个很重要的因素,它相当于生产力诸因素中的劳动条件。财力、物力、机房、家具设施及周围环境条件等是应该保障的。有些工作,如终端布线、馆内发电机、集中式空调制冷等,还需馆内电工密切配合。除购买设备的一次性投资,图书馆自动化的日常性运行与维护工作也要不少花费,有时甚至需要牺牲馆内其他工作而予以保证。

第三节　馆外应用环境

一、科学技术因素

在生产力理论中,科学技术和教育是两个加强性因素,是加强或提高生产力诸因素素质的因素,即凭借其加强或渗透性功能,直接或间接地改变着劳动者、劳动资料和劳动对象的素质,从而使生产力状况发生重大而深刻的变化。因此,科学技术是生产力发展的最关键性因素。图书馆自动化能发展到今天,归根结底是世界科学技术的发展,特别是电子计算机技术的发展引入到图书馆作为图书馆工作新的生产力,从而带动整个图书馆走向现代化。科学技术是通过物化生产力诸要素而使其转化为生产力,主要途径是:①以教育作为桥梁,科学技术增强了劳动者的技能;②改进、创新生产工具;③改善、扩大、创新劳动条件和开辟新能源;④改进生产工艺;⑤扩大劳动对象范围(如废物利用)和提高质量;⑥提高管理水平和加强信息交流。

生产力综合体的技术水平越高,其受良好科技环境的影响就越大,发展速度也就越快,这就是六十年代以来随电子技术等的大发展从而使社会生产力迅猛提高的原因;同样道理,技术环境的恶化,反作用力或破坏力也很大,甚至能使一个现代化的生产力综合体瘫痪,如电力设施破坏将使一个现代化工厂停产,通讯设施故障将使一次航天飞行夭折。对图书馆自动化来讲,环境同样会有上述两方面的影响,这也是自动化要冒一定风险并要注意技术环境,特别是基础技术设施情况的原因所在。下面从两个方面论述一下技术环境对图书馆自动化的关键性作用。

1.先进技术促进图书馆自动化的发展

①计算机技术:由于大规模集成电路技术的发展,使电子计算机更新毫不夸张讲是日新月异,大、中、小、微机都在发展,尤其微机的发展,更应引起图书馆界的注意。目前的特点是换代愈来愈频、型号愈来愈多、性能愈来愈强、价格愈来愈低,市场情况令人眼花缭乱,使选择机器和进行系统配置已经成了一门学问,一项专门技术。因此,计算机选择与配置的合适与否,对图书馆自动化系统关系重大。

②软件和数据库技术：这方面在选择机器时要相应注意操作系统，要选择通用性强有发展的系统；另外，在微机已发展到今天情况下，单用户操作系统对图书馆应用的多任务、多用户、多点存取的特征来讲，已不适宜，应选择多用户操作系统。DBMS 的选择要考虑图书馆应用中可变长处理、子字段操作和检索速度等特点。此外，多注意国内图书馆自动化集成系统软件的发展以及有关的多文种处理、自动标引、自动分词、词表控制、规范控制等实用软件的研制与发展情况。

③信息存贮技术：这方面应注意软盘技术、微机的大容量磁盘配置技术、高密度磁带机技术和光盘技术等。国内的深圳先科激光公司已同深圳图书馆联合研制成功一次录制性光盘，并录制了深圳图书馆等五个馆合作建库的 6.5 万条中文书目数据，生产出了中文书目库光盘产品及其检索系统。上述这些同图书馆自动化应用极为相关。

④通信和网络技术：对图书馆应用来讲，主要了解国内外计算机网的发展情况与可应用程度；但是，由于远程网络的通讯费用之高，是否适于国情，要慎重考虑。现实的是微机局域网。单用户环境下的微机局域网已普及多年。多用户环境下的微机局域网之应用极为少见，1991 年深圳图书馆同有关公司合作，已经开通，这为中大型馆采用高档微机（多用户）局域网络建立并发展图书馆自动化集成系统，带来了福音，它将是高性能、低费用、有发展的图书馆网络系统。

⑤数据加工技术：包括书目、事实与数值等各类数据库的加工技术，有关的各种标准化，标引理论与方法之发展，规范化的建立以及全文存贮与检索技术等，均同图书馆自动化建立各种类型数据库有直接关系。

2.技术环境影响图书馆自动化系统的运行

①基础技术设施条件：这里最重要的是供电问题，虽然有 UPS

的后备系统,但供电不能保障,自动化系统是难于正常运行的,这是一个必须依据实际情况全力解决的现实问题;另一个是通讯设施问题,它影响到网络的正常运行和对外联络;再一个是机房及有关防尘、防静电、防病毒等技术条件。

②技术维护环境:这包括系统正常运行维护、系统故障维修、软件维护和配件更换等。目前存在的严重问题是重视开发和建设,不重视维护和更新、发展,这同我国起步不久,大量的维护问题还未显露出来有关。就一个自动化系统的生命周期来看,一般认为:系统开发工作量仅占33%,而系统的维护工作量约占67%。可见,其维护工作的重要性。维护工作除依靠自己馆里技术力量,更主要的是随自动化系统越来越多,应依靠社会力量,搞社会化,如依靠图书馆自动化公司、当地计算机公司等等,建立长期合同性的维护关系。

③系统的更新和发展环境:随新技术的发展和需求的增长、改变(业务发展与变化),图书馆自动化系统是一定要更新和发展的。但是,对这个问题可能比对维护想的还少,或根本就未想到。这又同选择自动化软件的关系极大,软件出售者是否有计划、有能力、有条件来保障其所推广软件的更新,这方面可能许多推广者自己也未考虑到,那么被推广者(用户)又怎么办呢?国内目前已推广出来的软件,有的是专为自己馆研制的,成功后又推出了几家,但其系统的产品化、研制人员的稳定性、研制体制与机制能否长期存在与维持、研制与发展经费来源的可靠性等,这些决定系统更新与发展的关键性因素,还存在不少的问题,这样已用了该系统的用户的前景就难于保证,弄不好双方都有夭折的可能性。因此,对自动化系统的未来更新与发展,又提出了一个社会化、专业化的机制问题,要有专门的自动化公司,依靠其得以在社会上生存与发展来承担这一社会使命。这些自动化公司在开发-推广(实践)-更新提高-再推广的发展机制中,使软件逐步升级换代,永葆生命

力,并同图书馆应用需求密切结合,确保图书馆自动化的不断发展。

二、信息环境

这里当然指同图书馆自动化有关的信息环境,即反映图书馆自动化及其相关事物发展变化情况的各种消息、情报、数据、资料和文献的总称。从应用角度可将这种信息分为两类。一类是馆外信息,即社会上的图书馆自动化信息,如应用信息、市场信息、技术信息等;另一类是馆内图书馆自动化运行信息,如设备运转信息、各部门运行状况信息等。这些信息作用于图书馆自动化的建设者,可以依据它们更新构成自动化的诸要素,更新硬件,改进软件,引进或开发新数据库,改善应用环境中的有关条件,从而促进图书馆自动化有所发展,有所创新。信息源之于现实,反映现实,作用于人的头脑,促成决策,再反作用于现实,从而改造现实,有所前进。

因此,千方百计收集书刊文献信息,参加学术会议,开展多种信息交流,捕捉各种有用信息,这是各图书馆本身自动化进一步发展的先决条件,也是整个图书馆自动化事业兴旺发达的前提条件。结论是,为发展图书馆自动化必须形成一个通畅交流的信息环境,反之,一个信息闭塞的环境必将窒息自动化的发展。

三、馆际环境

1. 图书馆自动化发展史是馆际协作的历史

以世界上图书馆自动化发展早、普及率高、技术先进的美国为例,可以根据充分地讲:美国图书馆自动化的发展史就是馆际间协作的历史。而且还可进一步讲,这种协作已经从馆际协作、国内协作发展到国际协作。因此,可以得出一个结论:开展馆际协作是发展图书馆自动化的一条规律。

图书馆自动化的鼻祖、美国国会图书馆的 LCMARC 书目库，已供给全美国、全世界使用，实现了"一馆编目，全世界千万个图书馆共享"。一方面自动化促进了协作和资源共享；反过来协作和共享又发展了自动化。互相促进，相辅相成，形成了自动化发展史上一对形影不离的"恋人"。试想想，没有自动化的产儿——MARC，又哪来世界范围的自动化协作与书目共享；同样，没有世界范围对 MARC 的共享，又哪来今天国际包括我国图书馆自动化的大发展。

北美四大图书馆自动化网络 OCLC、RLIN、WLN 和 UTLAS，是多馆协作建设和共享图书馆自动化成果的典范。何止北美，其他如英、德、法、意、澳、日、南非等，都是如此。反过来也可以找找，有哪个图书馆自动化比较先进和普及的国家，各馆的自动化不是靠馆际协作和共享，而是全由各个馆孤军奋战开发图书馆自动化的四大要素从而建成自动化？这恐怕无论如何是找不出来的。

为什么开展馆际协作会成为发展图书馆自动化的规律，对这个问题要从根本的、大的方面，从社会发展与高科技发展规律与图书馆自动化本身特点来看待。

从社会发展看，分工、协作和联合是社会生产力发展的必然产物，是生产发展的一条重要规律，也是推动社会生产力发展的巨大力量。分工、协作与联合程度如何，标志着社会生产的发展状况；现代化、社会化的大生产必然是高度的协作和联合。从高科技发展看，以多学科、多兵种、多设备为特点的高科技本身就是协作的产物，同时，有意识地组织多学科结合、多兵种协作，又是推动高科技发展的规律。作为高科技和多种信息技术结合，图书馆自动化本身就是几个学科、多个兵种（图书馆、计算机、通讯等）协作的产物（如 MARC，OCLC，光盘系统等），协作与共享就成了发展所必须。总之，发展产生了协作，协作促进了发展；现代化、社会化的大发展，必然带来大协作，相应只有大协作才能推动社会化事业大发展。这是规律,必须顺应规律,按社会发展规律办事。但是,在我国图书馆自动化的发展进程中,恰恰许多地方违反了这个规律。

2. 目前馆际环境的状况与对策

我国图书馆自动化馆际环境的最大问题是没有按规律办事,甚至有些地方反其道而行之,结果是事业受阻,少慢差费。可喜的是,经过几年的实践,不少人已对这个问题有了清醒的认识,并大声疾呼:协作、联合与共享!

缺乏馆际协作主要反映在:

①在指导思想方面,以"小农经济"的自给自足、万事不求人的观念指导图书馆自动化工作,同社会化、高科技的发展规律背道而驰。

②在研究开发方面,开发工作不是以达到实际应用而是以取得科研成果为目的,享受成果的人越少越好,不协作与少协作为佳,同高科技与信息技术的应用开发需多学科、多兵种的协作相反,致使开发工作低水平重复现象严重,其结果或"鉴定会就是追悼会",或拿不出真正的实用成果。

③在系统建设方面,对系统的可行性研究、计划、实施的一系列过程,缺乏社会的和馆际的协作,没有全国和地区性的计划,缺乏组织,形成一种各自为战的孤立状态。

上述问题也反映了我国图书馆自动化的落后面貌,是发展水平较低的体现。可喜的是,有少数单位已开始图书馆自动化的协作实践。如上海申联高校图书馆服务部组织了一百多个图书馆进行联合采编,最近已采用了自动化的编目,发展下去将成为一个地区联合采编中心;在协作方面取得较大突破的是深圳图书馆联合了8个省馆技术力量承担了文化部重点科研项目"图书馆自动化集成系统"的研制并取得了成果,开创了由国家领导的大型全国性馆际协作。这种联合开拓了良好的馆际协作气氛,必将促进全国自动化的发展。

为改善我国图书馆自动化的馆际环境,是否可以从下面几个方面着手:

①从理论上和认识上认清协作与共享同发展图书馆自动化的密切关系。

②在软件开发方面提倡深圳图书馆的模式,即全国一盘棋,有领导有组织的大协作,并在鉴定和实用基础上,选择几个软件,大力推广,逐步扶植和发展软件的拳头产品。

③在机读目录方面,一是发展国家机读目录,使其起到美国LCMARC类似的作用,一是倡导上海申联和深大图书馆模式,并扶植逐步发展为地区采访编目中心,中国地方之大,有几个OCLC是必要的。在回溯转换方面,由国家馆与版本图书馆合作,尽快组织力量回溯建立书目库,以促进自动化,否则书目库问题必将拉全国自动化的后腿。

④建立几个图书馆自动化基地,如深圳图书馆的科图公司模式,为全国图书馆自动化提供咨询、培训以及软硬件网络和数据库等的实用产品,同时进行开发、维护和产品换代,开拓良好的应用环境,可以为图书馆解决自动化各方面的实用问题。

四、社会环境

在这里我们将图书馆之外的所有社会因素,统称之为社会环境,它涉及到社会制度与管理体制,经济基础和上层建筑,社会人口与社会风尚等各方面。

就我国目前情况,讨论如下几点:

①国家的文化政策与图书馆方针政策,对图书馆自动化发展有直接关系。

②国家经济发展状况,社会安定情况等影响到对图书馆自动化的投资。

③各级有关领导的支持,尤其是部、省厅、文化局的支持,它涉

及到组织上与财力上的支持。

④有关图书馆自动化四大要素的社会化、商品化程度,这方面涉及到硬、软、库、网和各种设备的商品化程度,以及设备维护的社会化程度,同时也涉及到应用环境中供电、通讯等基础设施状况。

⑤社会上层建筑,社会风尚,人口素质,对计算机认识与使用水平都会直接、间接影响自动化的开展。

第六章 图书馆自动化计划和实施

第一节 我国图书馆自动化建设及其
发展战略

总结十几年来我国图书馆自动化的实践,借鉴国外的发展经验,结合国情,讨论我国图书馆自动化建设发展战略是很有必要的。

本节将从现状、问题与未来发展三个方面讨论之。

一、我国处在图书馆自动化建设的初创阶段

一般将我国图书馆自动化开创时间从 748 工程算起,我们姑且采用这一说法。那么,我国图书馆自动化从 1974 年筹备算起,至今已有整整 17 个年头的历史了;国外,如美国从 1964 年国会图书馆筹备 MARC 算起,到 1981 年是 17 年。同样是 17 年,但结果却完全两样。从各方面看,我国目前只能算是处在应用的初创阶段或初级阶段;而 1981 年当时的美国图书馆自动化,应用已相当普及,可以讲是处在应用的成熟阶段。1981 年,美国国家机读目录 LCMARC 磁带已推广到全世界几十个国家,我国国家图书馆 1980 年也订购了该库全套磁带;但是,我的国家级机读目录至今刚刚试发行,实用中还有不少问题。1981 年,北美 OCLC 等几个跨国的图书馆自动化网络中心已具相当规模,全国大多数图书

馆已实现了自动化;而我国目前网络中心尚未形成,真正实现了自动化的馆也为数不多。

归结起来,我国图书馆自动化处在初创阶段的表现为:

（1）不普及。对全国大多数图书馆来讲,自动化还是件稀罕事物,尽管经济发达地区有些馆或流通或采编已经上马,但全国真正在业务工作主要环节上全面应用了计算机的图书馆不会超过20家。

（2）程度低。不少已实现了自动化的系统,软件是未经较长时间考验的科研成果,书目数据库既不符合国家标准,又对整个馆藏的覆盖面小,这些系统只能属于试用性质。另外有些运行了的系统潜伏着危机,或硬件问题,或软件没有产品化,或数据库不标准,或应用环境有限制等等,系统诸因素中有一个环节出了不可逆转的较大问题,系统就面临"夭折"的风险。美国在自动化初期不少系统陷于失败,教训颇深。

（3）社会化水平差。发展图书馆自动化所需的硬、软件等要素应该来自于社会并依靠社会大分工来维护和更新,即必须走社会化的道路。这一点刚刚被一部分人认识,而实际走社会化道路,才刚刚起步。

（4）人才缺。无论是图书馆自动化所需硬、软件专业人员,也无论是机读目录等方面素质较高的业务人员均属奇缺,这是事业发展不成熟的体现,也是进一步发展的阻力。

上述情况的出现,主要有两个方面的原因。一个原因是我国的整个国情所致。我国经济上底子薄,技术上比较落后、应用环境差,需要财力、高技术和良好应用环境支持的图书馆自动化事业自然不会孤立的高速发展。第二个原因是我们自动化建设所走的路子问题。是否可以讲,前些年我们的自动化建设走了一条少慢差费的路子。对我们图书馆工作者来讲,需要引起注意和全力探讨的是第二个问题,以求走出一条符合我国国情的多快好省的图书

142

馆自动化道路。

二、有关我国图书馆自动化建设路子的几个问题

总结我国图书馆自动化建设十多年所走过的道路，发现在纷杂的外表现象之下，暴露了一些影响自动化建设共有的实质性问题。这些问题归结起来，有五大矛盾在制约着我国图书馆自动化建设走什么道路。

1. 系统建设指导原则上的小生产方式同高技术社会化之间的矛盾

这一矛盾主要表现在系统建设和软件开发的指导思想和根本性做法上。图书馆自动化本身是多种高技术的综合体，需要社会上多学科、多兵种、多行业共同协作；因此，图书馆自动化建设需要通过高度社会分工的专业化和社会化来实现。自动化所必需的硬件、软件、数据库、网络和应用环境诸条件，由相应专业化的部门或行业未提供，通过社会的竞争机制使图书馆能选择到优秀的产品。结论是，图书馆自动化建设必须依靠社会，走社会化道路。按理，这一结论本应是浅显而明摆着的道理，但做起来并非如此。例如，不少馆在系统建设上采取"自给自足"的做法；在软件开发上许多馆低水平重复研制，用手工作坊方式取代软件工程方法，过分看重或追求个人或小单位的"成果"，而轻视社会化的软件产品；

在书目数据库建设上，将就自建的非标准书目库而排斥社会化生产的标准书目库。在起步时期，社会化的图书馆自动化软件产品与书目数据库产品尚未提供，上述情况的出现有一定历史原因。作为矛盾的另一方面，国家和有关部门应遵循图书馆自动化的矛盾运动和发展规律，有组织有计划地编制高水平软件，推出一个或多个拳头产品；加快生产国家级标准机读目录的步伐，向全国大量推广发行，免除成百上千个图书馆为之奔忙；尤其应该回溯生产中文图书书目数据库，为全国图书馆自动化创造快上的条件。

2. 系统内部建设的片面性和系统工程之间的矛盾

图书馆自动化建设的特点之一是一项系统工程,它由硬件、软件、数据库和应用环境四大要素组成,前三项因素构成了自动化系统。构成系统的诸因素由组织管理作为控制各因素的"组合件",有机的形成为一个整体,一环扣一环,共同存在和作用于应用环境之中。但在实际工作中,存在着一些片面性和单一性的倾向。从重硬件轻软件进而到重设备轻数据,岂不知"八分设备十二分数据",全国性的系统上不去或存在危机,没有标准的书目数据是致命点;其次是重技术轻管理,岂不知对整个系统来讲"三分技术七分管理";在系统与应用环境的关系上重系统轻环境,岂不知应用环境起着相当大的制约作用,有时是前进的主要阻力;对系统的整个生命周期,重开发建设,轻运行维护,岂不知"三分开发七分维护",成功表现于使用过程之中而不是在获得成果之时。总的倾向是,重视看得见或首先看到的"硬"因素,忽略不太容易看到或稍后才能看到的"软"因素,这也是系统建设处在初创阶段的必然现象。若想推动事业快速发展,就应尽快扭转之。

3. 系统外部建设的孤军奋战和协作共享之间的矛盾

图书馆自动化建设的另一个特点是协作共享。一馆开发多馆应用,多馆建设共同享用。但是,十多年的实践基本上是反其道而行之。例如,许多馆孤军奋战开发软件,一馆自建书目库,单枪匹马培训干部等,投入不少,收效甚微,甚至有的地方可能无效。采用标准书目库后,有的馆作废了几万条花几年心血建起来的非标准书目库,就是实例,这是一条少慢差费之路。请了解一下,美国哪一些中小图书馆在自己开发软件、自建书目库?本是协作共享的事业,却是组织不起来,各自单干,速度焉能不慢;面对高新技术,难度很大,费用颇高,定要自行上马,焉能不"危"。建设初期,必不可免,教训深重,后当慎之。

4. 技术路线上的主观性和适用性之间的矛盾

图书馆自动化所应用的计算机技术及其他信息技术的发展日新月异,三两年时间计算机市场就会面目全非,但我国国情的变化和应用环境的改变却是缓慢的。面对光怪陆离变化多端的高新技术和缓慢变化的应用环境,在图书馆自动化建设的技术路线上如何既先进又适用? 在这方面指导思想应该也必须是:以尽量先进的技术解决图书馆自动化的实际问题;标准是适用性,即在适用性的前提下尽量采用先进技术。对待这一技术问题,要客观,不能主观,更不能以非技术原因而固执己见,排斥不同意见,置事业于不顾。最好的解决办法是进行学术讨论,各抒己见,摆事实讲道理,要让各种意见都讲出来,领导者不能排斥一种意见,而是要留意听取不同的意见,不要在意见分歧较大时匆忙做出行政性决定。因为最后事实总要讲话的,这种教训是不少的,损失是惨重的,前车之鉴,应引以为戒。对此,提出某些值得讨论的技术问题如下:

(1)在多用户微机已普及并大幅度降价情况下,以多用户、多任务、多道作业并存、多点存取和传输为特征的图书馆自动化是否还是采用单用户微机,如何决策? 1980 年代中期已上马的单用户微机系统怎么适应技术的发展?

(2)先进的已可实用的网络技术对图书馆的适用性问题,当前以及可预见到的未来是否可能和一定必要通过网络来传送图书馆之间的数据,如何解决国内普遍存在的市话线路紧缺和长途电话费用昂贵问题,通过软盘或其他方式的数据交换可否代替网络?

(3)是否一定要用标准的书目数据库,采用标准书目库后各馆前几年匆忙建起来的非标准书目库如何处理,不动、改造或废掉三条路如何选择?

(4)如何看待软件成果,可不可以采用,由成果到产品之间还需进行哪些工作? ……等等。

由这些问题可见,采用哪种技术路线影响到自动化系统的全局和长远发展。在这一决策问题上,既不能盲目追求先进技术但不适用而造成浪费;也不能抱残守缺,技术已前进了一大步,但仍抱着几年前的老技术不放手;更不能用行政手段或片面强调某一方面而有意无意地"强制"应用某一技术。对这些问题态度必须"客观"、"实际"、"适用",细心体察实际情况,不允许有任何"私"字。总之,事关大局,慎之又慎,不要到时悔之晚矣!

5. 系统建设做法上的匆忙上马和科学论证、全面规划之间的矛盾

图书馆自动化项目是图书馆的基本建设,要相当大的投资,涉及到采用先进技术,有投资风险。因此,建设的做法应按一定程序,即先进行可行性论证,再制定总体方案,全面规划,然后才一步步实施。目前存在匆匆忙忙上马现象,例如,项目还没论证就忙于上系统购硬件,硬件将到货可是技术人才还没有,抓到一个未经一定时间实践检验的、不稳定的软件"成果"就作为产品应用,书目库建设草率行事重量不重质,业务准备重表面,轻基础等等。总之,匆忙上马,操之过急,急于求成,准备不充分,重暂时轻长远,许多技术问题不清楚,使系统可能预伏危机,"不知山有虎,直向虎山行"。

三、我国图书馆自动化建设发展战略问题

从我国图书馆自动化建设处在初创阶段或初级阶段出发,针对实践中存在的一些矛盾问题,提出我国图书馆自动化建设发展战略的几个基本点,供同行讨论。

1. 从国情出发,坚持图书馆自动化建设的长期性发展战略

前面例举了我国与美国的图书馆自动化各自从筹备算起17年的发展速度,相比之下,差距之大是惊人的。造成这样大的差距,除了两个国家各自的"国情"不一样外,所走的路子也有一定影响。按照我国目前经济状况,不可能也不允许为图书馆自动化提供高速发展所需要的资金和各种条件,而图书馆自动化的发展

反过来又必须同国家经济、技术与文化建设的总环境相适应,这就在客观上、在总体上,决定了我国图书馆自动化发展的长期性。我们必须认识到这是不以人们意志为转移的客观规律,应以它作为发展战略,以指导我们的图书馆自动化建设实践。例如,在长期性方针指导下,就应全面规划、仔细论证,而不要匆忙上马、急于求成;建设中应在长远规划下,适应国情,分步实施,不要强调一步到位;认清网络在我国的实际可行性,如根据国内现有通讯条件及经济状况,近期对远程网络就不宜过分强调,以免揠苗助长;从国情出发,提倡适用技术;新技术的推广需要一定的时间性;各个馆上马需要有一个适应的过程不能急躁等等。但是,这里讲长期性发展战略,不是提倡慢慢来,恰恰相反,是认识到长期性这一客观规律,脚踏实地,创造条件,从而加速图书馆自动化建设。

2. 从高技术大生产出发,坚持图书馆自动化建设的社会化发展战略

高技术的先进性和复杂性决定了高技术产品的生产是社会化大生产,对此,小农经济的"自给自足"、"万事不求人"思想和生产方式是行不通的。依靠社会,通过社会专业化分工为图书馆自动化提供丰富的可靠产品。因此,不仅硬件,软件也要产品化,决不可信赖与使用阶段性的、试验性的、以获成果为目的的、未经长期实践检验的软件"成果"。对软件来讲,社会化另一个意义是通过软件产品的商品化,由市场竞争机制去劣存优,通过商品规律优选出可靠的软件产品,淘汰掉劣质的"成果"。虽然这对研制者是痛苦的,对早期使用劣质"成果"者会造成损失,但却是必要的。它将避免更大的损失,导致系统的"夭折",何况筛选出优质产品本身,就是对事业的重大贡献。

随着图书馆自动化的发展,社会上必然会出现专门的图书馆自动化公司,这是商品规律作用的结果,也是社会化和图书馆自动化发展到一定程度的体现。70 年代,美国有几十家图书馆自动化

公司,它们之间的竞争与发展促进了图书馆自动化事业的兴盛。我国也已有了这类公司,如北图的图新公司和深圳图书馆的科图公司等。国家应从战略高度出发在政策上扶植这类公司,使其逐步壮大。且这种公司对我们这样大的国家来讲,目前是太少了,应有更多个专门公司,互相协作竞争,各自拿出高质量产品,同时提供咨询与培训,成为若干个支持图书馆自动化建设的基地。它们将从社会化的意义上极大地、历史性地促进我国图书馆自动化的大发展。

3. 从信息产品的特点出发,坚持图书馆自动化建设的协作共享发展战略

图书馆以藏书为公众服务,各馆藏书和反映这些藏书的书目大体上是相同的,服务方式是大同小异的,信息产品具有可复制性和广泛传播性特点,这一切成为图书馆协作开发信息产品(如书目库)和共享这些信息产品的基础。计算机技术又使这种协作与共享成为可能与现实。因此,全国范围和地区范围的协作共享已经成为国外图书馆自动化发展的共同规律,在这个意义上可以讲,图书馆自动化的发展历史就是一部图书馆间的协作共享史。十几年来,我们没有真正遵照这条规律,图书馆界没有组织起来,而是各自为战,走了一条少慢差费的路子。

遵循协作共享发展战略,对我国图书馆自动化提出下面几点建议:

(1)国家图书馆集中相应力量,同版本图书馆合作,编制回溯性中文图书标准书目库,至少从1984年(1985年后已有了可用产品)往前回溯到"文革"结束,这是加快全国图书馆自动化建设的战略措施。

(2)有条件的地区或城市,建立地区采编中心,按国家标准协作建设中文新书书目库,软盘交换共享,这样好处是各馆距离较近,没有时滞。采取这一做法,一个馆只要有10万元或再少些,就

可先将采、编二个子系统建立起来并逐步累积书目库,这是一条多快好省的路子。

（3）在地区采编中心的基础上,逐步累积建立起联合目录,随各馆陆续采用计算机,联合书目检索、馆际互借等业务将会逐步开展起来,逐步带动各馆的全面自动化,这样,我国将陆续出现若干个 OCLC。实践中,是采用网络还是介质交换数据,视实践而定,不是根本问题。

（4）国家馆一家为全国图书馆发行新书机读目录是否可行?关键是如何解决时滞问题。另外,在机读目录方面,制定各种标准,规则和细则,发布新增词等,是国家馆义不容辞、任何馆无法取代的任务,且应超前向全国提供,以统一全国的机读目录。

4. 从图书馆自动化的关键性因素出发,支持图书馆自动化建设的培养人才先行发展战略

这个问题,人所共识。图书馆自动化人才的特点是"两栖型",又称为两栖人才,可从图书馆专业和计算机专业两个方面选拔与培养人才,实践已证明这是正确的。目前的问题是一方面专业人才奇缺,而另一方面是人才有了又留不住。因此关于人才问题建议:

（1）第一是选择或培养什么样人的问题,这是根本,是第一位的。要选择与培养有志于事业、学风正、实干型人才。

（2）培养渠道要多途径。图书馆自动化是实践性很强的专业,不能仅依靠学校培养,有能力的图书馆、专业公司均应开办培训班,最好同学校教育相结合以克服学校教育脱离实际和社会教育理论性不强之缺陷,同时又能承认学历。

（3）从哪选人问题,要以内为主,以外为辅。应多从图书馆实际工作中选拔有志于图书馆自动化事业的业务人员进行培养,他们事业心强,熟悉图书馆业务,学习自动化上手快,实干精神好。此外,需辅之以从计算机界招聘和高校分配专业人员。两个来源的人才,只要有志于事业,都能成为这行的专家。国内许多这方面专家已很难分辨其出自于哪个专业,共同的特点是"两栖型"。

(4)要在实践中培养机读目录等建库人才。实际是,对实现了图书馆自动化的各馆,以书目库为主的各种数据库的建库与使用已经或必将成为图书馆员的基本功。

第二节　可行性研究

图书馆自动化是成熟技术,在国内已有了实际运行的系统,可行性研究相对可以简单一些,着重点应在对本地本馆条件的研究和对多方案的比较选择上,从而做出比较切合实际的费用估算,作为向上级领导申请经费和向各方面筹措经费的依据,同时也是上级领导批准经费和提供其他条件的依据。

一、可行性研究的内容

在决策一个建设项目之前,进行详细、周密、全面地调查研究和综合论证,从而制定出最佳效益的方案,这一调查研究和综合论证过程称为可行性研究。这是一项工程在投资前对于效益预测和评价的事前研究,其目的和做法是把所要处理的事物看作为由关联部分组成的整体,在特定条件下,在指定的目标体系意义上,使所要处理的事物达到最好、较好或令人满意。在这里,"目标"是指在一定限制条件下达到的目的及其定量指标;"限制条件"是指时间、地点和各种条件。

1. 系统目标

研究确定系统的总体目标、水平、规模和完成时间,也就是说在建设之前,要能比较确切地指出在什么时间,什么地点,建立一个什么样的自动化系统,这个系统的水平与规模是怎样的。目标是总的出发点,目标不先确定,下面的研究也就没有了根据。

2. 调查研究

调查内容之一是国内外的自动化系统。国外资料虽离我们实际情况较远,但它能帮助我们了解未来发展的状况和方向,对启发思路、拟定目标是有极大参考价值的。国内情况比较实际,可以借鉴,要尽量了解细一些,在全面而详细地了解基础上,可解剖几个重点,以便能深入了解。本地系统的情况一定要全面细致地掌握,它同准备建设的系统关系重大。

调查研究的方法,先后次序应是:第一,先调查书面材料。目前在全国图书馆学与情报学的刊物上刊登相当多的有关自动化文章,不仅在《现代图书情报技术》这类专业刊物上,在各种各家办的刊物上均有刊登,这从侧面反映了自动化对图书馆全局的影响。除刊物,还可找我国每年一届(已办四届)的图书馆自动化年会资料,它集中反映了全国图书馆自动化的最新动态。当然,还有鉴定会资料、科技报告和各馆建系统时形成的材料,这些都是极有用的,不过难于找全。另外,随系统的发展,商业性广告资料已出现,也应收集。第二,在对广泛书面材料进行整理并分析和研究的基础上,有计划有目标地到外地参观调查。了解情况要针对自动化的四要素,不要单纯针对硬、软件,要听也要观察。

调查情况要进行总结,依据调查研究结论可以修改系统目标并有助于研究下面几项可行性内容。

3. 系统的条件分析

有了充分的调查材料,就可以着手对所建系统进行条件分析,从必要性与可能性两个方面进行分析。首先实事求是地分析本馆建设系统的必要性;其次切实地分析本馆建设系统所具备的条件,可以对照自动化四大要素的诸项条件进行比较,会得出有利条件与不利条件。

4. 提出系统方案

依据条件分析,比较容易会得出应建一个什么样的系统和怎样建设这个系统的方案。这当然要对未来系统四大要素情况和其如何构成系统有较清楚明确的确定,如什么型号硬件及配置,操作系统是什么,自行开发或购买自动化软件,若购买是购哪家的,书目库问题怎样解决,同时考虑组织、队伍和培训等因素,以及大体的实施步骤,都要制订出可行的方案。

5. 效益分析与费用估算

对上述方案要进行效益分析,从社会与经济效益两个方面,当然以社会效益为主,分析中不仅要定性,还要有定量分析,哪怕是一种估算也可以。

新建一个图书馆自动化系统的经费估算,大体包括下列内容:

①硬件系统经费:

·计算机主机及外部设备

·操作系统

·机房与家具

·电源设备

·通讯设备

·备件及消耗品

·维修及常用工具

②软件系统经费:

·DBMS

·工具性软件(如 cvi)

·图书馆自动化软件

·条码软件

③数据库经费:

·购买数据库

·自建和加工数据库

·数据库维护

④可行性研究经费：

·调研与请专家

·资料与咨询

·制订方案与论证

⑤人员培训经费：

·培训

·参加有关专业或学术会议

⑥业务准备经费：

·流通子系统准备

·其他各子系统准备

⑦系统测试、验收和开通经费

⑧系统运行和维护经费

⑨不可预见费（约占总数10%）

在费用估算上，一般容易犯的毛病是重硬轻软，重主机轻配件，重购入轻自加工，重建设轻维护，实际上维护费用（包括运行费）要等于或超过建设费用。

6.多方案比较选择

可行性研究结果，不应提供一个方案，而应提供两个或多个方案，并将其异同点、效益与费用比较清楚地上报给领导，同时可指出研究者的倾向性，供上级决策。

二、可行性研究的做法

这里提出由谁来进行可行性研究和怎样进行研究两个问题。

第一个问题似乎不用提出，当然由本馆人员进行研究。但进而要问，本馆又是哪些人进行研究，另外，是否馆外就不可能有人或组织参与研究？下面提出对可行性研究的两种做法。

①由馆内领导、专业人员组成班子进行可行性研究，但如果缺少自动化专业人员，也不妨从外面借用专家参与。

②由馆外单位、组织或专家进行可行性研究,"单位"指已经开展了图书馆自动化的馆,或者是图书馆自动化专业公司。这一做法,专业化强,是一个越来越有吸引力的选择。

第一种是由内向外逐步调研;第二种是由外向内进行调研,专业公司了解国内外自动化情况,但对该馆情况缺乏了解,所以要由外向内。实际干起来,内外结合也不排除是一种选择。

三、可行性研究报告

不管哪种做法,研究者均要负责地提出可行性研究报告,其内容为:

①系统目标:系统在某一时间内要达到的目标,包括其水平、范围、规模等。

②必要性和可能性:

·从国内外概况与发展趋势,结合馆情论述必要性。

·可能性(诸条件分析),要切实、有数据。

③技术方案:

·应用方案,包括各部分(子系统)的应用特点、范围和设备要求。

·数据库方案,包括需要哪些库和这些库的来源、数据量等。

·软件方案,包括软件功能、性能、特点和软件来源。

·硬件方案,包括主机和操作系统选型、速度、容量以及外设性能与配置等。

④组织、人员与管理方案。

⑤进度安排。

⑥投资估算。

⑦效益预测。

第三节　总体方案

可行性研究报告经过论证并选择确定一个方案后,即可着手拟定未来系统的总体方案。下面从四个方面介绍一下总体方案内容,当然,在实际制定和编写总体方案时,也可从这四个方面着手。

图书馆自动化这样一个现代化项目,其建设程序有如基本建设一样,应先进行可行性研究,以解决建不建即立不立项的问题;立项问题解决之后,就进入了建设的实质阶段,进行总体设计。

一、系统总目标

(1)总目标:指系统在某一时期内要达到的最终目标,以简要文字指明内容、范围(上几个子系统)、水平和效益。

(2)指导原则:贯彻系统建设过程的自始至终和各个方面,应有前后如一的指导原则,以供所有参与者遵循。这些原则不要多,但要切实又高瞻远瞩,在建设过程中和未来都有真正的指导意义,如先进性原则、实用性原则、协作和资源共享原则、社会化原则等等。

二、系统总需求

这是从大量调研、可行性研究和总体方案设计过程中得出的建设未来系统的根据。有需求才有建设,有什么样需求,就建设什么样的系统。

1.功能总需求

从分析采、编、流、刊、检索、参考和管理等工作对实现自动化需求的细节着手,可得出各子系统需求;从子系统需求中,进行分析概括,从大处着眼以得出综合的、跨部门的、手工系统实现不了

的和集成性的需求。因此,功能总需求包括:

①各部门或子系统需求;

②取代手工工作的需求;

③手工系统实现不了的需求;

④跨两个或两个以上子系统或部门的需求,如中文和外文、图书与报刊等;

⑤集成性需求,如通过一次检索可查到某书的去处等;

⑥信息综合利用方面的需求,如利用对流通信息的分析来评估采购原则等;

⑦综合性、交叉性管理信息的需求,如从采购到典藏流通之图书入藏一条龙,再从流通典藏到采购之图书注销一条龙的管理信息等。

还会举出一些,且随自动化的深入发展和应用水平的提高,工作人员与读者、领导者都将会提出更高、同时也是更深层次的需求,这是图书馆自动化软件需不断增加功能、提高版本和更新换代的主要原因之一。

2. 数据量总需求

从理论上考虑总需求,任何一个馆需要处理的数据量都是惊人的,因此要看处理程度。若进行全文存贮与检索,即使对一个入藏仅几万册图书的小馆,人力、财力、物力也是难于实现的,何况处理某些需求,还存在一些技术上的困难。因此,根据实际工作需要和条件(人力、财力、物力)、技术的可能性,恰如其分地确定一个馆处理数据的总需求,是一个难题,但却必须预先解决。

估算一个馆需处理的数据总量依据许多因素:

①哪些数据需进行处理和建库?

·依文献类型分有书、刊、文献、非书资料等。

·依文种分上述资料又有中文、外文。

·依工作流程分有采、编、流通、参考等。

·非文献型数据需建库如读者数据。

·管理信息方面所需处理的数据。

②对所需处理数据的时间限定？

·全部数据均需处理。

·根据必要与可能对书目库或文献库划定一个断代时间（这是普遍采用的）。

③对数据的处理程度？

·一般为详细级次的书目著录。

·某些文献需全文处理并建全文库。

·采访、流通等书目库依需求特点而大量简化。

④哪些数据库可以购买？

·购国家馆的 CNMARC 库（也要考虑本馆需进行哪些加工）。

·购深圳图书馆五馆合作建库的回溯书目库。

·购美国 LCMARC 库用于外文编目。

·购重庆分所的文献库用于情报检索等等。

⑤能否参加合作建库或联合编目？

综上所述，总的可以讲，共同的基础性的数据（如详细级标准的中文书目库、中文文献库等）可以购到或参加联合编目共享，但也要补充数据和再加工处理；各馆有特点的、独有的、与工作密切相关的数据则需自己建库。

通过对数据量总需求的全面而相对准确的估算，可以得出各子系统的数据量和集成系统的总数据量，这对制定总体方案提供了可靠的依据，它是最重要的依据之一。由数据量可以确定：①软件方案中的一些关键性因素，②硬件设备配置和数量，③建库工作量，④业务准备工作量，⑥对应用环境的相应要求等。

对数据量的估算方法在第四章已经介绍过，例如某图书馆有10 万种图书，如果每条记录按平均长度 1K 字节计算，则主书目库的存贮量约为100兆字节。

数据库内记录数估算出来了，建库工作量也可估算出来。一般一位熟练的机读目录编目员，从著录、分类和主题标引到录入，一般最多每天可完成10条详细级次的标准书目记录，则10万条需1万个工作日。这里还要增加计算校对所需时间。据此，再进而估算业务准备与图书加工工作量。

上面仅以有代表性的数量最大的中文图书书目数据库为例，说明数据量的估算方法及其对设备的要求。其他类型数据量可仿照进行计算。

3. 性能总需求

有了功能与数据量总需求，可以考虑方案了，但对系统性能还应提出总的要求。性能指系统的质量与适用性。

①质量需求：当然需要高质量，但高质量要投入相应的资金与力量，因此要根据需要与可能确定尽可能高的质量。

②适用性：系统是自用还是同时也为推广，即使完全自用也要考虑是否同其他馆通用或交换数据，就要求考虑标准化问题。这涉及到数据库、应用软件、操作系统的兼容，也涉及到网络问题。

③联网问题：对加入国家网或地区网的要求，既要能联网，又要符合实际。

三、系统方案

这里，根据总目标与总需求制定出整个系统的方案，要求切实、具体、明确，从四个要素的各个方面与总体描述方案。从总需求出发，受其影响最直接的要素是应用范围和数据库，则从两者起，有根据地一环扣一环，从而逻辑地将整个系统方案托出。

1. 自动化范围和应用方案

根据总目标和总需求，再进一步了解本馆实际情况详细确定应用方案。

①各子系统的应用是集成的还是分立的,例如是否要求从采编终端不仅能查询订书情况和到书情况,还能查询书的流通状况,又如分编库是否要联机使用订购库数据等等;

②各子系统应用范围,如采访和编目子系统是否包括中外文、特藏、少儿等各部分;

③各子系统的终端设置,如全面上自动化,中采、外采、中编、外编和少儿采编各设多少台终端(依工作量计算出),流通设多少个出纳口,其他各子系统设多少终端等等;

④各子系统输出设备性能要求与设置数量;

⑤书目查询、参考咨询与情报检索几个方面的应用是分立的,还是集成的;

⑥应用时间问题,是一步到位还是分步到位;

⑦馆际协作,如是否加入馆际协作网,入网要求与方案。

2. 数据库

①根据系统功能的总需求和应用方案,确定建立哪些数据库;

②根据系统的功能和性能总需求,确定计划建设的各库内容与字段设置,著录与标引要求,数据库采用什么格式,全馆各种格式要否统一,如若统一用什么格式等;

③根据数据量总需求,确定各库预计的记录数和数据量;

④根据国内外数据库发行情况、馆际协作情况和本馆综合的实际情况,确定数据库来源和具体建库方式,如购买、合作建库或参加地区联合编目、自建库,总的原则和要求是什么等等。

⑤根据系统功能和性能的总需求,确定各库的输出方式(书本、卡片、机读介质、COM 等)、格式、使用范围等。

3. 图书馆自动化应用软件

①由应用方案与数据库方案可明确地提出对图书馆自动化软件的要求。

· 集成系统或是各子系统分立

·多用户系统或是单用户

·各子系统功能和性能等

很明显,到 90 年代初的今天,集成系统已有十多年历史,技术已经成熟,当然要选集成系统。图书馆应用计算机的特点之一就是多用户,在 80 年代中期,市场上没推出多用户微机的情况下,使用单用户微机网,起到了相当大的作用;但在今天,在多用户高档微机已普及的情况下,新建系统是采用单用户微机,还是采用多用户微机或网络,亦还是采用小型机,这是一值得深入探讨的问题。

②软件来源

·自编

·多馆合作编

·购买

③购买软件是个方向,是快、好、省的办法,但要注意几点:

·软件性能(集成性、功能完备、可靠性、可维护性、文本齐全等)

·研制和推广者的信誉(尤其要考虑能否长期存在与发展,即有没有能维持其生存发展的机制)

·软件的不断完善与升级换代(这是必须的)

·维护

按上述三点,就比较容易制定出软件方案。

4.计算机系统方案

由软件、应用与数据量要求,可以确定硬件选型与配置方案。

①主机

·同软件要求相应的操作系统,如通用的多用户 UNIX

·选型应着重于可靠性、大众化与广泛通用的维护问题

·双软、磁带机一定要配置以多途径交换数据

·速度与内存要同应用匹配,尽量高速与大容量

②外设

· 终端、UPS、打印机等

· 性能好,适于图书馆应用,友好用户

③专用设置

主要是条码阅读器,应选择分辨率高者,虽可能贵些。

四、措施

1.组织、人员与管理

"三分技术七分管理",这是系统成败关键因素。要拟定组织与人员构成方案,尤其要制定管理制度与措施,强调"严"字。

2.培训

拟定专业人员和业务人员两种培训计划,且要走在系统前面。

3.总进度安排

由于图书馆自动化项目是个系统工程,总进度安排要抓住开始启动整个系统的事项,中间要抓住关键路径事项,最后抓紧收尾事项。要建立一个总进度安排网络图,以便随时方便地进行总控。

4.经费预算

这是在可行性报告中经费估算的基础上,按照总体方案再进一步编制的准确的预算。这里特别注意"软"费用,如数据库费用、业务准备费用、培训费用和维护费用等,且要占相当的比例。

第四节 图书馆自动化的实施

一、总体设计分步实现

总体方案通过后,就是具体计划与实施问题。总的讲,实施有两种方案:一是一步到位,一步实现总体方案;一是分步实施,即分几步走,最后实现总体方案。

"一步到位"比较困难,很少馆能做到。经费、数据库与应用环境等方面一些短时无法克服的困难条件,制约了一步实现的做法。

实践中,绝大多数馆都是分步实施,或两步到位,或多步到位,用两年或更长的时间全面实现自动化。"万事开头难",关键是第一步怎么走。总结国内目前的做法主要有两种,一是先上采编,一是先上流通,下面分述之。

(1)先上采访和编目两个子系统

编目子系统是图书馆自动化的基础和核心,通过它可建成全馆的书目数据库。这一核心书目库,或称为主书目库,是采购查重、编目查重、流通、联机检索和参考咨询等各个子系统应用的基础。主书目库建好了,其他子系统水到渠成;没有它,其他各子系统也就难于建立起来。编目子系统先上马,不涉及到大量的藏书与读者方面的工作,牵动面窄,比较容易上。编目实现自动化,对图书馆许多内部工作有极明显的效益,极大地减轻编目人员的劳动强度,并能生产出高质量、多种类、多形式的书目产品。采访工作是编目的"姊妹工作",联系最为密切,都是为解决图书馆的藏书问题。因此,往往采编两个子系统一起上,国外有的将采编为一个子系统。采编系统先实现自动化,从理论上讲,是先解决图书馆藏书与读者这对主要矛盾中的一个矛盾方面,整齐、化一、打基础。

(2)先上流通子系统

先上采编子系统有一个大缺陷,即主要解决的是图书馆的内部工作,对外工作没有明显受益,读者没能感受到自动化带来的好处,社会上看不到自动化给整个图书馆带来的变化,上级领导对其投资没见到明显的效益。这一切,自然会给下一步自动化工作的开展,从舆论、支持到投资带来不利影响(至少在某些地区)。因此,也有些馆转而先上流通子系统。

先实现流通自动化，好处极为明显，但困难之大也异常突出，其关键原因在于"没打好基础就想盖楼"。设想，没有主书目库，流通文档怎么办？为了获取上述的得益，权衡轻重，只好有得有失，先花力气建简短书目文档，专供流通使用。一个馆十几万、几十万册藏书，再简短的书目文档，所花费的人力也是要以多个人年来计算的。实现流通子系统的工作量，本教材第五章第二节有关馆内业务环境部分已有详细论述。

这里顺便讲一点，即关于流通用书目文档问题。从总体方案看，从减少数据冗余和实现数据集成考虑，流通子系统应该共用主书目库作为流通书目文档。但是，由于主书目库应用面广，使用频率高，其本身数据量庞大，很不灵活，影响速度。因此在实践中，即使已经有了主书目库，流通子系统也照样再建一个简短书目库作为流通书目文档而不用主书目库。所不同的是，有主书目库时，可由计算机从主书目库映射出一个简短书目库作为流通书目文档；而没有主书目库时，需要完全由人工新建一个流通书目文档。

除上述两种分步实施的做法，还有个别馆先上连续出版物管理子系统。由于连续出版物大多是采编流一条龙管理，出版物种数不多（一般每馆几千种），建库容易，涉及面窄，比较容易上马（其实在软件实现上还相当复杂）。但同时，它既没有像先上采编那样能为全馆业务工作自动化打下坚实基础，又没能如先上流通那样为图书馆造成大的社会影响。因此，除非有特殊原因，此做法不可取。

笔者认为，视各地各馆实际情况，如无需先造成社会影响，还是先上采编较为适宜和稳妥。这样做比较符合事物的逻辑发展，先打基础，顺理成章，水到渠成，循序渐进，省时省力。如果社会上能提供标准的书目数据库产品则更为有利。这样做还有一个好处是，通过实践逐步培养人才，全馆逐步适应计算机应用，逐步熟悉机器与软件性能，逐步创造适宜的应用环境，这将极大减少突发事件或机器故障对全馆内外工作的影响程度,容易避免"夭折"的危险。

二、实施

总体设计分步实现的方案确定后,就可以进入具体实施阶段,它主要包括下面一些内容和步骤。

1. 制订分步实施计划

先制订第一步实施计划,它是总体方案的具体化。从阶段目标、任务到具体措施、资金安排、进度、同下一步的衔接等。要具体、细致、周到,以方便实施与检查。

2. 开创应用环境

· 形成良好的舆论环境

· 组织与人员准备

· 业务准备与验收

· 后勤保障

· 开办培训班

· 馆际联系与协作

· 开通多种信息渠道

3. 数据库建设

· 确定各阶段各类数据库建设具体方案

· 组织与人员落实

· 确定数据库采用的标准,拟定建库规程,准备建库工具书

· 人员培训

· 实施与管理(实施包括建库、审校、验收)

4. 计算机系统的实施

· 实施小组根据总体方案调查选择设备

· 签订购买设备合同

· 人员培训

・安装(包括系统软件)和调试

・试运行与验收

5. 图书馆自动化软件的实施

・实施小组根据总体方案确定软件方案与具体计划

・若自编软件则开始软件研制

・若引进或购买软件则进行调查选择并签订合同

・在计算机系统验收后再进行应用软件的安装与调试

・试运行

三、测试和验收

这里讲测试与验收应包括硬、软、库与应用环境各个环节,在这方面软件是最主要的,其他三方面的测试与验收均在前一部分提到,这里主要讲应用软件的测试和验收。

1. 应用软件的测试

软件开发是一种创造性劳动,不可能完美无缺,错误是难免的,软件测试是保证软件质量的关键,也是对软件技术规格、设计和编写程序的最终审定。因此测试目标是:①发现程序中错误;②好的测试方案是使其可能发现尚未发现的软件错误;③成功的测试是发现了至今未发现的错误。

一般将软件测试分为四个阶段或步骤:

・对模块进行的单元测试

・子系统测试即对模块组装成子系统的测试

・系统测试即对子系统装配成整个系统的有效性测试

・验收测试是在用户参加下用实际数据进行的,看是否满足用户需求的测试,购买的系统视具体情况可以只进行验收测试。测试后要提供测试报告与处理结果报告。

2. 应用软件的验收

验收涉及到对软件产品评价问题,一般讲,对软件产品的质量

165

评价主要有五个方面：

 ·可用性是对以下四个方面的总体性量度

 ·可靠性是软件能正确执行指定功能的特性

 ·有效性是软件能节约地使用计算机资源的特性

 ·可维护性是软件易维护和可修改的特性

 ·可移植性是软件能在不同机种的计算机上运行的特性同时，评价软件需用户、开发人员、维护人员与管理部门四方参加。

结合软件的评价指标，对应用软件的验收包括如下几个方面的内容：

（1）对照需求文本进行软件功能的验收，看软件是否达到所要求的功能。

（2）通过测试等手段进行软件质量验收，对一般用户来讲，主要针对可用性、可靠性和可维护性；

（3）软件文本验收，主要看用户手册（包括安装手册、使用手册和维护手册等）是否齐全、合用；

（4）培训及用户方对软件的掌握情况。

四、运行和维护

下面也以软件为主，讲述系统的运行与维护问题。

1. 软件生存期和软件维护的重要性

软件生存期是从确定课题开始到软件报废为止这一包括多个阶段的进程。一般将软件生存期定义为六个阶段：要求分析、形成说明书、设计、编程、测试、运行与维护。

软件运行和维护是指以生产的方式来运行软件并保证软件能正常运行的一个阶段。

软件维护的重要性及其所花代价，可从国外 20 多年来实际软件维护费用的急剧上升中表现出来，维护费用占软件总费用的比例是：1970 年占 35～40%，1980 年占 40～60%，1990 年占 70～

80%。

2. 系统运行

当软件正式交付使用后,就进入了系统运行阶段。

在这个阶段主要任务是保证系统的正常运行和记录运行状况,为维护提供依据。为此,运行中要有专人值班,每日记值班记录,尤其重要的是每天要拷贝日志文件。每个软件都应有日志文件功能,它是系统运行的准确记录和进行各种统计的基础。拷贝日志文件需在图书馆下班后,这是很烦人的事情,但一定要坚决执行,毫不放松。

3. 系统维护

软件维护的作用是保证软件的正常运行和性能的改进。因此维护的主要内容包括:①运行性维护;②纠正软件开发各阶段中出现的软件错误,称为改正性维护;③适应硬件发展、运行环境变化而修改软件,称为适应性维护;④根据用户不断提出的改善系统要求而改进软件,称为完善性维护;⑤预防性维护。其中,应用户要求而进行的完善性维护占 50% 以上,改正性维护占 21%,适应性维护占 25%。

对于一个生产和提供软件产品的公司或厂商来讲,根据维护的重要性与工作量,应将软件维护放到主要工作的位置上,这方面应做到如下几点:

(1)设立专门的维护组,且开发组副组长应担任维护组组长,以保证开发与维护的连续性和业务上的熟悉。

(2)在软件开发时就要注意到维护,在软件周期的各阶段,即要求分析、说明书、设计、编程与测试均要注意到维护并采取相应措施,并形成文本。

(3)将软件工程方法用于维护,制订软件维护规范。

(4)维护工作要有文本,包括:用户的维护要求表、软件修改报告(供审批)和完成修改后的维护报告。

从上述软件产品和软件工程对维护的要求可以看出,我国目前推出的有些图书馆自动化软件在维护方面的差距之大,严重者根本就没有考虑到维护问题,能拿到"成果"就是一切,使用这类软件是要受害的。

附录一　书目数据字段和子字段一览表

字段	指　示　符	子字段标识符及内容		重复	必备	索引
001 记录控制号 不重复 必备	无指示符	无子字段 数据库代码 编目年 编目流水号	10 位数字 中书 01 外书 03 2 位数 6 位数 （预先给工作单编号）	×	√	√
010 ISBN 可重复	b´b´	@ a @ b @ d	ISBN 装订 价格	× × ×		√
091 统一书号 可重复	b´b´	@ a @ b	国家代码　中 CN 澳门 MO 香 HK 日 JP 朝 KP 新加 SG 美 US 苏 SU 英 GB 澳大 AU 加拿 CA 德联 DE 德民 DD 统一书号	× ×	√	√
095 标准号 不重复	b´b´	@ a @ b	国家代码　同 091 字段 标准号	× ×	√ √	
100 一般处理数据 不重复 必备	b´b´	@ a	一般处理数据 11 字符 入档日期 8 读者对象代码 3	×	√	

169

（续表）

字段	指 示 符	子字段标识符及内容	重复	必备	索引
101 著作语种 不重复	0b′ 作品为原文 1b′ 作品为译文 2b′ 作品多语种 3b′ 多语种译文 高、中层记录不用此字段	@ a 正文语种 @ b 转译语种 @ c 原著语种	√ √ √ √ ×	√	
200 题名与 责任者 不重复 必备	00 正题名无检索意义 10 正题名原始形式 有检索意义 1n 正题名原始形式 有检索意义 正题名除前 n 个 字符再参加一次 排检 0n 正题名原始形式 无检索意义 正题名除前 n 个 字符参加一次排 检 0＜n＜10 1 汉字＝2 字符	@ a 正题名 @ b 资料类型 @ t 相同责任者的合订题名 @ c 不同责任者的合订题名 @ d 并列题名 @ e 副题名 @ f 等同责任者 @ g 其它责任者 @ h 分卷（册）号 @ i 分卷（册）名 @ v 分辑（卷册）号标识（仅 在使用4——时使用） @ z 并列题名语种	× √ × × √ √ × √ √ √ √	√	选√
205 版本项 可重复	b′b′	@ a 版次说明 @ b 其他版本形式说明（指 各种制版方式） @ d 并列版本说明	× √ √		
210 出版发 行项 不重复	b′b′	@ a 出版地 @ c 出版者 @ d 出版日期 @ e 印刷地 @ g 印刷者 @ h 印刷日期	√ √ × √ √ ×		

字段	指　示　符	子字段标识符及内容	重复	必备	索引
215 载体形 态项 可重复	b´b´	@a　页或卷册数	×		
		@c　图表(不著"有","插")	×		
		@d　尺寸(厘米)	×		
		@e　附件(不著"附")	√		
225 丛编项 可重复	0b´　与检索点不同 1´b　无检索点 2b´　与检索点相同高 　　　层记录无此记录 　　　段	@a　正丛编题名	×	√	
		@d　并列丛编名	√		
		@e　副丛编名	√		
		@h　分册(辑)号	√		
		@i　分册(辑)名	√		
		@v　分辑(卷册)标记	√		
		@z　并列丛编题名语种	√		
300 附注 可重复	b´b´	@a　附注 　　使用标点符号	×	√	
330 提要 可重复	b´b´	@a　提要 　　100字以内,使用标点符 　　号	×	√	
410 连续项 可重复	b´0　不做附注 b´1　做附注	@1　上连记录字段标识、 　　指示符与子字段数据 　　(含@a子字段)	√	√	√
512 封面题 名 可重复	同200字段 0＜n＜10	@a　封面题名 　　(与正题名不同时)	×	√	√
516 书脊题 名 可重复	同200字段 0＜n＜10	@a　书脊题名 　　(与正题名不同时)	×	√	√

（续表）

字段	指　示　符	子字段标识符及内容	重复	必备	索引
517 其他 题名 可重复	同200字段 0＜n＜10	@a　合订题名　交替题名 书名原文　本书原文 有检索意义的副题名 或分辑卷册题名	×	√	√
600 人名主 题 可重复	b´0　直序 　　中国人用此 B´1　倒序 　　西方人用此	@a　主标目 @b　外国人原文名(缩写) @c　其他修饰语 @d　外国人原文姓(全称) @f　生卒年(0000－0000) @x　主题复分(普通主题) @y　地区复分(地名主题) @z　年代复分(朝代入此)	× × √ × × √ √ √	√	√
601 团体名 称主题 可重复	0b´　团体名称 1b´　会议名称	@a　主标目 @b　副标目 @c　修饰语 @d　会议届次(阿拉伯数字) @e　会议地点(市名或地名) @f　会议日期(年,4位数) @x　主题复分(普通主题) @y　地区复分(地名主题)	× √ √ × × × √ √	√	√ √
605 题名主 题 可重复	同200字段 0＜n＜10	@a　主标目(题名主题) @x　主题复分(普通主题) @y　地区复分(地名主题) @z　年代复分	× √ √ √	√	√
606 普通主 题 可重复	b´0　规范词 b´1　新增词	@a　主标目(普通主题) @b　副标目(普通主题) @c　副副标目(普通主题) @x　主题复分(普通主题) @y　地区复分(地名主题) @z　年代复分	× × × √ √ √	√	√ √ √

172

字段	指　示　符		子字段标识符及内容	重复	必备	索引
607 地名主 题 可重复	b´0 b´1	规范词 新增词	@a　主标目（地名主题） @x　主题复分（普通主题） @y　地区复分（地名主题） @z　年代复分	× √ √ √	√	√
610 自由词	b´b´		@a　自由词　既可独立检索 　　　又可与606组配检索	√	√	√
690 分类号 可重复	b´b´		@a　分类号 @v　分类法版次	× ×	√	√
701 等同个 人责任 者 可重复	b´0 b´1	直序 中国人用此 倒序 西方人用此	@a　主标目 @b　外国人原文名（缩写） @c　其他修饰语 @d　外国人原文姓（全称） @e　国别 @f　生卒年、朝代 @4　责任方式	× × √ × × × ×	√	√ √
702 等同个 人责任 者 可重复	b´0 b´1	直序 中国人用此 倒序 西方人用此	@a　主标目 @b　外国人原文名（缩写） @c　其他修饰语 @d　外国人原文姓（全称） @e　国别 @f　生卒年、朝代 @4　责任方式	× × √ × × × ×	√	√ √
711 等同团 体责任 者 可重复	0b´ 1b´	团体名称 会议名称	@a　主标目 @b　副标目 @c　修饰语 @d　会议届次（阿拉伯数字） @e　会议地点（市名或县名） @f　会议日期（年,4位数） @4　责任方式	× √ √ × × × ×	√	√ √

（续表）

字段	指　示　符	子字段标识符及内容	重复	必备	索引
712 其他团体责任者 可重复	0b´　团体名称 1b´　会议名称	@a　主标目	×	√	√
		@b　副标目	√		√
		@c　修饰语	√		
		@d　会议届次（阿拉伯数字）	×		
		@e　会议地点（市名或县名）	×		
		@f　会议日期（年，4位数）	×		
		@4　责任方式	×		
905 馆藏项 可重复	b´b´ 高、中层记录不用此字段	@a　馆代码	×	√	
		@f　索书号	×	√	
		@s　复本数	×		√
		@k　入藏地点	√		
		@b　登录号	√		
		@i　流通级别	√		
		@t　条码号	√		

174

附录二 "图书馆自动化集成系统" 可行性研究报告

一、引言

本报告主要是调查和分析省级以下图书馆实现计算机管理可能性和可行性,了解这些图书馆的现行环境和条件。通过分析,能准确地描述用户(图书馆)希望用计算机解决的各种问题。在此基础上,确定系统的范围和目标;提出新系统的逻辑模型和可能的实现方法;提出实现系统的经济上和管理上的可行性;同时,提出可行性研究报告和结论。

本报告主要给文化部主管部门、有关专家确定新系统上马的参考,作为论证的材料。同时,作为新系统设计的依据之一。

二、项目的来由

本项目的研制是由文化部图书馆司有关领导于 1987 年 7 月参加深圳图书馆的光笔流通管理系统鉴定后提出的。得到了深圳图书馆的积极响应。项目的提出主要是为了迅速提高全国图书馆系列化管理和情报服务水平,免除各地低水平重复分散研制而形成的人力、财力和时间上的浪费,减少对进口软、硬件的依赖;使各图书馆以最优的性能价格比,实现集成化的图书馆计算机管理系统。

本项目名称:根据系统研制特性,暂定为"图书馆自动化集成系统"。

本项目承担单位:深圳图书馆,项目负责人:余光镇,总工程师:沈迪飞。

三、系统定义

图书馆自动化集成系统的核心在逻辑上应是一个中央书目数据库,能支持图书馆的各项有关书目的处理并为各子系统所共享。功能和软件模块高度集成,同时,系统的业务功能和管理功能集于一体,达到数据的冗余度和软件的冗余度最小。

四、目标与任务

1. 目标

图书馆自动化集成系统研制投入实用后,应达到三个目标。

第一个目标:用计算机处理代替手工全部或大部分手工繁琐的各项业务操作,以达到快速、高效和准确。

第二个目标:由计算机监控图书馆的流程——采集、加工、存贮(库藏)、流通、管理等运作变化的信息流。

第三个目标:提高图书馆的辅助决策与管理,控制生产能力和提高服务水准。

2. 任务

在规定时间内,研制完成"功能集成的应用软件包"、提供完整的硬件配置方案和提供符合规范的书目数据库、满足全国各类型、不同规模的图书馆都能使用的系统。

五、系统要求

1. 功能要求:本系统由采购、编目、流通、连续出版物管理、检索、参考咨询和业务管理等七个子系统集成。满足图书馆的图书和文献的事务处理和业务管理等两大要求。

2. 性能要求:能处理机读目录格式和可变长记录;以处理中文图书资料为主,兼顾西文图书资料的处理;可进行全屏幕编辑;检索和联机处理的响应时间,一般不超过 5 秒;保证流通管理系统的可靠运行,需备后援系统;为解决好多用户、多任务、多作业流、多点传输等的要求,需处理好作业的并发控制问题;要保证系统的安全性、可靠性、防止非法存取(访问)和数据的完整性等要求;保证系统在 XENIX 或 UNIX 操作系统下,移植性能好;要求系统在更新版本时,老系统容易转换;要求系统应有扩展的能力。

3. 输入要求:以 CNMARC(中国机读目录)为主要的书目数据输入格式,其数据的组织结构为:头标区、目次区和数据区组成。对数据的输入、增删改等作业可用全屏幕编辑进行操作。

4. 输出要求:以报表生成技术,产生各种报表,如统计报告、管理报告、目录、卡片等产品。条形码生成与生产等。

5. 友好用户接口:在中央书目数据库的基础上,用户可自定义数据库模式与生成。要求各种操作不需要专门的特别的培训,包括系统的安装、系统管理员、系统恢复。

6. 系统完成日期:前 5 个子系统将于 1990 年完成,其中 LD-BMS 将在 1991 年完善,后两个子系统将于 1991 年实现。

六、研制条件、限制和计划设想

1. 经费:总投资与经费来源

总投资为 64 万元人民币,其中,文化部补助 19 万元,省文化厅 2 万元,市计委社会发展处 5 万元,深图 28 万元,共 54 万元,尚差 10 万元左右。

2. 硬、软、开发环境和运行环境等方面的条件与限制

2.1. 硬件与软件

· 硬件以 386 高档微机为主机。要求:内存 4MB 以上,主

频 25MHZ 以上,硬盘 300MB 以上,盒式磁带 60MB 以上,双软盘,8 用户智能卡等。

·软件采用 XENIX 操用系统。Unify 数据库管理系统,CVI 中文编译器,C 语言。说明:所选机种、操作系统、语言将是本世纪中主导地位的机种和系统。

2.2. 开发与运行环境

本系统是在上述计算机系统上进行开发,要求应用软件包不超过 8MB,做到程序冗余度最小,运行效率高,但要注意调用系统的有关功能与自编程序的关系。因此本系统中在 Unix、XENIX 或其变种的操作系统下为最佳的运行环境。

2.3. 对磁盘空间的要求:这里提出的磁盘空间要求是指存贮书目记录的要求。本系统一条书目记录平均长度约为 1K 字节(包括索引),采购记录每条平均长度为 512 字节,流通记录(每册书)约 50 个字节,其它记录所占磁盘空间为全部数据文档磁盘空间的 15% 左右。这样,可根据本馆的藏书种数,计算出本馆系统所需磁盘空间。

2.4. 汉字处理:本系统的简化汉字可采用国产终端机进行处理,繁体汉字采用台湾生产的 CT1000 终端机,要求简繁互换。

2.5. 局域网络问题:设想本系统能在 Unix 或 XENIX 操作系统下实现局域网络运行。

3. 系统研制的设想

3.1. 本可行性评价或论证由文化部出面组织,深圳图书馆提出可行性报告。论证会可在 1988 年 12 月在北京召开。

3.2. 根据专家对可行性报告的意见,修改该报告,1989 年 1 月完成。

3.3. 深圳图书馆与文化部科技办签订"文化科技三项费用专项合同"希望 88 年 1 月份签订生效。

3.4. 系统调研与分析:立项后,应马上着手资料和业务调研,调研对象应不少于15个省市图书馆业务现状。对用户的需求可分业务流程、业务功能、数据量、设备、人员、管理等方面进行分析,写出初步调研报告,确定系统的基本结构与功能。

3.5. 研制人员的培训:对参加研制的人员进行有目的的培训,包括系统的基本概念、结构、功能、技术的研制意义等,使人员的水平达到同一高度。

3.6. 系统的模型试验:主要解决逻辑模型的建立及其层次的分析。同时,解决一些技术难题的探索。

3.7. 系统的总体方案及论证:主要解决系统的总目标、设计思想、系统功能、软件方案、硬件方案、书目数据库建设、研制实施计划等问题。

3.8. 系统的详细设计:系统的层次结构的确定,包括模块的划分或子程序的确定:功能——输入——处理——输出;文件定义及其关系;数据结构;各种算法设计;接口设计;编程框图;系统维护等。

3.9. 编程与调试:编程技巧,包括系统调用、公共调用、子程序调用等使程序合理且冗余度小,效率高。

3.10. 测试设计:提出测试技术要求、输入数据、预期结果等,写出测试报告。

3.11. 系统验收:提出验收要求,包括系统所形成的文件、设计书、测试报告、安装、维护、操作等手册、源程序等。验收后封存系统,任何人不准私自拥有上述文件。

3.12. 系统评价:系统的先进性、特点;功能与性能;使用与维护等方面。

3.13. 系统运行:争取1991年全面运行,不少于5个图书馆使用和修改、更新版本。

3.14. 系统投入运行的费用:初步分大、中、小三个系列。大型(省级馆)70-100万元人民币;中型(市级馆)50-70万元;小型

10 - 30 万元。建议文化部向国家申请专项经费支持系统的推广应用。

3.15. 推广体制:在适当时候成立公司或研究实体,由文化部出面组织,并每年拨款 2 万元科研补助经费,使系统不断更新,永存。

七、现有系统的分析

现有系统的分析,主要是指图书馆手工业务现行系统的分析。同时从宏观上指出我国图书馆应用计算机的现状。现有系统的分析包括图书馆的总概貌、业务结构、业务功能、数据量、管理、人员素质、标准化程度等。下面就业务结构与功能、数据量、处理流程等进行分析。

1. 业务结构与功能

系统的业务结构与功能模块图(见图 3 - 3)反映了一个图书馆的基本业务的层次结构,同时表示它的业务的管理功能。这个图可以反映大多数图书馆的大部分与相同的功能与结构。在系统设计时,根据用户需求,还可分出三层、四层的层次结构和功能。

2. 数据量

每个图书馆的藏书数量的多少是决定图书馆应用计算机规模的重要因素之一。所以应对藏书的品种(图书、期刊、报纸、特藏、非书资料)、数量、年增长数进行调查分析,计算出需要处理的数据量。根据初步调查,一般省级图书馆的图书收藏数量如表 1 所示:

表 1   图书收藏表

文种	种数(万)	册数(万)	年增长数(种、万)
中文	35 ~ 55	150 ~ 250	1.5 ~ 2.5
西文	6 ~ 12	8 ~ 20	0.5
日文	3 ~ 6	4 ~ 10	0.3
俄文	2 ~ 5	3 ~ 8	0.2

一般最常用的图书(中文),按 5~7 年计算,其种数约 15~20 万种。

3. 图书馆的业务数据处理流程图

用图 1 表示出图书馆的业务数据的来源、处理对象、结果及其相互关系。

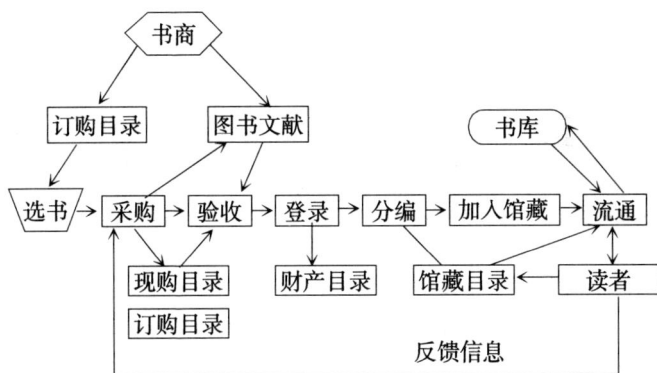

图 1

此图只表示一个图书馆业务数据处理的基本流程图。如要实现计算机管理,还要作深入的分析,才能决定计算机处理的详细的数据处理流图。

4. 图书馆业务处理的数据项、业务事务与管理事项之间的关系

该表能反映出一个图书馆需要处理哪些数据项,这些数据项与什么事务有关,这些事务与什么人有关,如何进行管理的。下面根据采购业务画出数据处理关系表。其它业务也可按此法画好,供论证系统、设计系统人员参考。

表2　采购业务数据关系表

数据项	事　　务						报　告		管　理
	记录	排序	查重	更新	合并	统计	订单	统计	工序
登记号	√			√	√		√		订购
采购号	√		√				√		订购
经费类型	√					√		√	订购、验收
主　题	√					√		√	订购、验收
采购单位	√						√		订购
采购日期	√						√	√	订购
题　名	√	√	√	√	√		√		输入、验收
著　者	√	√	√	√	√		√		输入
出版商	√			√			√		输入
出版年	√		√			√			输入
卷册号	√		√	√			√	√	输入
版　次	√		√			√			输入
ISBN	√		√				√		输入
价　格	√			√		√	√	√	输入、验收
订购数量	√			√			√	√	输入、验收
分配去向	√			√			√	√	验收
其它题名	√		√	√					订购

5. 手工系统的局限性

目前,公共图书馆的业务处理大多数仍是手工作业。主要的局限性有:工作效率低,不同程度存在着重复劳动或操作,如目录的多头性,书目数据严重重复,处理速度慢等等;工种或工序设置不合理;查找困难;资源不能共享;不能充分揭示馆藏;标准化程度差;人员素质偏低;工作质量不高,如重购、漏购、重编、错编、书找不到等等;辅助决策、管理决策手段差等。

希望通过计算机系统的应用,能提高工作效率、决策水平和服务水平。

八、建议的计算机应用系统

1. **建议的系统说明**：应用计算机技术、软件技术、系统工程理论和集成系统的特点，把图书馆的图书文献信息的采集、加工、存贮、开发、检索、传播、反馈、管理等业务活动与规律，有机地连成一体，称为"图书自动化集成系统"。它包括下列子系统：采购、编目、流通、连续出版物管理、检索、参考咨询和业务管理等子系统。本系统应是多用户、多任务、多点存取的应用系统；同时又是一个可靠性高的共享中央书目数据库、功能集成的好的实用系统；它不依赖于特定的硬件配置，能适用于各类型图书馆的需求。因此，研制设备应根据计算机硬、软件的国际发展进行选择。

2. **系统的模型结构**

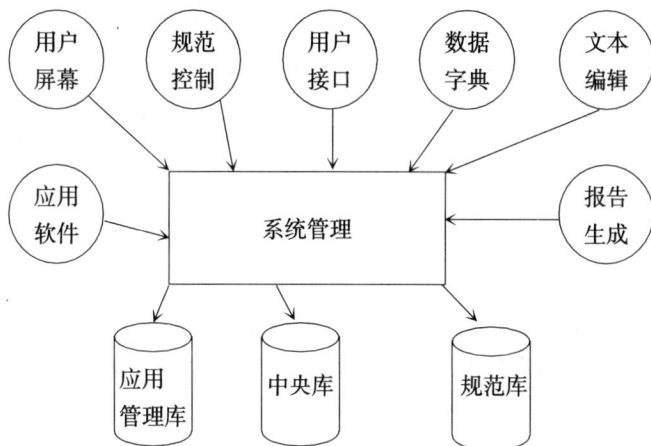

图 2

这种模型实际上是一个数据库管理系统，而且各应用子系统共享中央书目库、管理库和规范库，所以，它是一个典型的集成系统。

3. 系统的数据流程与处理流程(图3):

图3中的箭头表示数据的流向,各种图形表示系统的处理流程,同时,表示了该系统的基本功能。

4. 书目数据结构

本系统所有子系统的书目数据结构都采用 CNMARC 的数据结构,其结构如下所示:

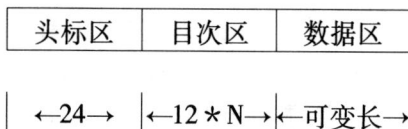

头标区	目次区	数据区

| ←24→ | ←12＊N→ | ←可变长→ |

头标区:记载一条记录的总长度、状态、记录类型、数据基地址和目次标识区等等。用 24 个字节分别表示头标区的功用。

目次区:它是记载一条记录内所有数据字段的目录表,表示一条记录设置了哪些字段,它的长度和起始字符位置等信息。它是一个可变长区,每个目次由 12 个字符表示。

数据区:记录一条记录的字段指示符,子字段标识符和字段值,它是可变长结构。

5. 新系统的功能

新系统的功能参照第七段"业务结构与功能"

6. 新系统的设备配置

在我国图书馆的计算机应用中,费用最大是购置硬件设备上,选用什么机器,需要花多少钱,是系统在经济上可行性的关键。根据我国的国情及计算机今后发展的趋势,我们选择了高档微机与小型机这一档次的机种,同时提出了分阶段逐步实施,最后形成局域网络的集成系统。据此,我们提出了大、中、小型三种硬件配置方案。大型系统需花 100 万元人民币、中型约 60 万元、小型约 20万元左右。我们认为这样一种配置经济上、方案上是可行的。

7. 系统软件要求

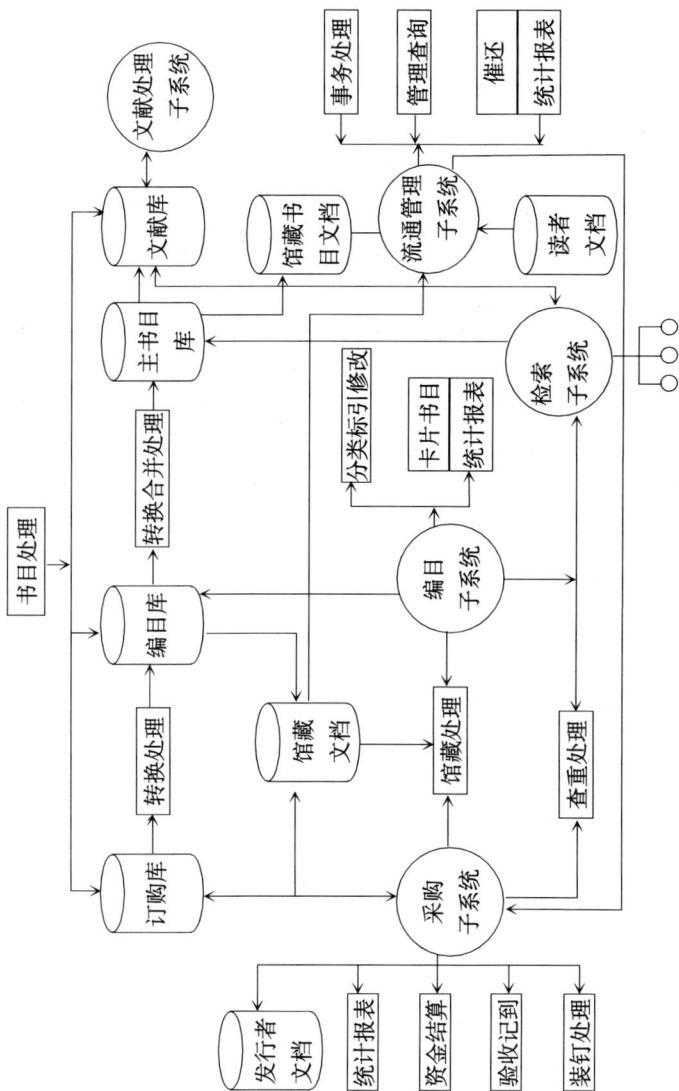

图 3

185

操作系统的选择是系统研制及运行中的关键。根据调查，Unix 或 XENIX 操作系统将是大多数高档微机、超级微机和小型机上运行的系统。为此，我们选择了 XENIX 操作系统。

8.机构与人员

实施本系统时，要求各馆要成立实施领导小组和专门的管理系统的机构。凡是不适应本系统的工种或工序要作相应的调整。

系统管理人员和业务人员都要严格培训才能上机操作。

九、困难与问题

1.经费问题

经我们初步估算，要完成包含集成的应用软件包、计算机硬件配置与局域网络和符合国家标准的机读目录数据库这样一个大系统，需要总投资 64 万元。如果达不到这个估算目标，系统的某些部分将不能如期完成或可能延期完成。

2.技术难度

我们研制的应用软件将是一个应用软件工具包。从上述模型可看出，实际上，它是具有数据库管理系统的绝大部分功能。从现有技术来说，要完成这样一个系统困难还是存在的。尽管技术难度大一些，但是这种想法仍有技术基础，且因它有先进性和实用性。在今后设计过程中，可根据技术难度分门别类进行处理，如先作核心，后解决外围。

十、研制计划概要

1. 1987 年 9 ~ 10 月完成可行性调研、分析、论证。

2.1988 年春，项目批准。

3.1988 年夏，系统调研与分析、完成研制计划大纲。

4.1988 年 9 ~ 12 月，确定系统模型、人员培训、模型试验、完成总体方案和论证与修改。

5. 1989 年 2 月后,进入系统概要设计和详细设计及各种方案的确定,编写各种设计文件、手册等。

6. 1990 年上半年完成采、编、流、检、期刊管理等 5 个子系统,并调试成功。下半年试用修改,争取 1991 年推广应用。1991 年下半年通过文化部的鉴定。

7. 92 年后除系统推广应用外,还要投入资金、人力完成余留的任务。

十一、结论

本可行性报告是根据我国图书馆目前的现状,计算机技术的发展与应用、社会需求编写完成的。它的主旨是完成一个集成的应用软件包,实用的计算机配置和机读目录数据库,并论述了实现上述系统的技术上、经济上的可行性及其困难。并希望专家们提出宝贵意见,使系统的可行性更可靠、更实用。

附录三　"图书馆自动化集成系统"
总体方案

"图书馆自动化集成系统"是文化部重点科研项目,自 1988 年 1 月签定《文化科技三项费用专项合同》以来,在可行性论证、资料调研、现行系统调研与软件模型试验的基础上,设计了总体方案。根据项目任务与要求,以软件研制为中心,以软件实用为目的,总体方案包括六个部分:(一)系统目标和设计思想;(二)系统功能与性能需求;(三)软件方案;(四)系统环境;(五)书目数据库建设;(六)实施与推广。下面将对这六个部分分述如下:

一、系统目标和设计思想

在三年(1988～1990)的时间内,研制、开发并开始推广一套能广泛应用于各种类型和多种规模的图书馆,包括采购、编目、流通、连续出版物管理、联机书目检索、参考咨询和管理信息等七个子系统的集成图书馆系统软件产品。

1.这套应用软件产品应能达到下述要求

(1)适应国情特点

系统主要应用于国内的图书馆,对于中国图书馆的计算机应用来讲,其国情特点主要表现在:①能很好地处理体现五千年文明古国传统文化的文字与图书;②能较好地适应由于经济技术不发达和管理水平不高而形成的低层次的应用环境。因此摆在研制者们面前的是一项困难而又有开拓意义的任务：设计一个既具有中国特点又能在综合指标上达到80年代国际水平的软件产品。

（2）文档与功能的高度集成

图书馆自动化集成系统的核心在逻辑上应是一个中央书目数据库，它支持图书馆的各项有关处理并为各子系统所共享。各子系统可以存取由其它功能所生成与更新的信息，一般情况下不同子系统的相关信息不需要多次操作而可以一次查到。

（3）多文种多类型文献兼容

系统主要面向中文图书，能处理简体和繁体汉字，同时兼容西文、日文和俄文等，从而能处理各类型图书馆的绝大多数藏书。在文献类型方面以图书和连续出版物为主，随中国机读目录标准适用范围的拓广，系统应能处理相应类型的文献。

（4）多级用户接口

图书馆集成系统的用户主要有二类：一是图书馆工作人员，一是读者；每种用户又按不同的需求与安全、保密规定而划分为多个层次。因此，系统要有适应不同层次特点的多级友好用户接口。

（5）可移植性好

系统虽在高档微机上开发，为适应国内多种机型的计算机环境和图书馆普遍经费较少的应用环境，系统应尽量少受或不受计算机类型的限制而具有广泛的可移植性。系统应能用于各种档次的计算机，在计算机配置达到系统基本要求的情况下，机器档次的高低仅能影响系统的规模，一般应不影响系统的功能。

（6）较强的适应性与可维护性

系统是针对公共图书馆研制的，也应可以在其他类型图书馆或资料室应用。系统应可合可分，既可以全套移植，也可以一个或几个子系统移植，并随硬件的扩充而可增加子系统。系统移植时可按各馆的需求进行修改，以使其如同各馆自己开发的系统一样的切合实用。

2. 设计思想

（1）先进的技术与切合实际的应用相结合

衡量图书馆自动化水平,归根结底看在图书馆工作中实际的应用水平。设计的关键是将先进技术同图书馆的应用实际结合起来,用先进技术解决图书馆的实际需求。设计中要求:①设计多种层次的应用,既有初级的也有高水平的,引导用户从初级应用逐步适应并过渡到高水平应用;②强调从实际出发的综合指标,不片面追求单项应用的高指标;③通过实际应用促进应用环境的改善和增进对计算机应用的理解,从而会从新的认识与理解出发,对应用提出新的更高的需求,系统的设计应能适应这种不断提出的新需求。这样,应用——新需求——改进提高——高一层次的应用,不断良性循环,在实践中逐步提高应用水平。

（2）通用性的核心与灵活性的外壳相结合

为向各种类型和规模的图书馆推广,系统必须具有对各种图书馆的通用性,同时对每一个具体的图书馆又要具有适应的灵活性。为此,设计上要考虑将系统通用性的部分作为核心,将系统需要灵活采用的部分作为外壳,将核心的不变与外壳的可变相结合,从而较好地解决通用性与灵活性相结合的问题。

（3）软件开发与配套发展图书馆计算机应用的其他环节相结合

图书馆计算机应用要涉及到软件、计算机系统、书目数据库、图书馆应用环境等多个环节,只有各环节配套与协调发展,图书馆的计算机应用才能发展起来。在我国目前计算机应用不配套的状况下,图书馆集成系统的研制仅仅能解决软件问题,还必须同步开发配套项目,否则集成系统的研制将不可能对图书馆的计算机应用发挥实际作用。

（4）软件的开发与推广、维护相结合

开发软件产品的目的是为了推广应用,软件应用过程中离不开维护。售后服务、改正软件中的错误、适应用户要求完善软件、随新技术发展对软件的深度广度开发等一系列维护工作将使软件产品能持久地满足用户的需要。开发、推广、维护的不断进行,相当于软件产品的开发——推广——进一步开发的连续循环发展,每次循环都使软件产品提高到一个新的层次,形成软件的一版、二版、三版等,不断完善与发展。因此,在我们设计一个为向全国推广的软件时,必须将开发同推广、维护作为一个整体考虑,在总体设计中也一定要有推广与维护方案,使软件产品的开发、推广与维护形成联合体,这样才能实现已确定的系统目标。

二、系统功能与性能需求

根据对现行系统的调研与分析(附件二略),参照国内外已运行系统的情况(附件三略),提出如下功能与性能需求。

(1)采购子系统

· 选书辅助功能,为订购新书提供该类图书流通状况等参考
  信息

· 查重与查询,提供各种检索入口点

· 采购书目记录的处理

· 订购业务的管理与处理

· 验收处理

· 登录

· 采购财经管理

· 生成各种采购报告、订单、清单等
  统计报告
  辅助采购协调

(2)编目子系统

· 编目前处理

· 书目记录的查询

· 数据输入与编辑

· 编目文档的管理与维护

· 编目产品的输出

· 规范文档处理

· 统计:资料类型、文种、分类、来源、业务工作量等

· 共享编目

（3）流通子系统

· 流通事务处理与管理,包括借、还、续借、催书、预约、罚款等事务

· 读者登记与管理

· 馆际互借

· 生成各类通知书

· 流通报表的生成

· 流通事务的查询

· 书目检索

· 内部业务管理

· 系统维护

· 读者需求建档与分析

（4）连续出版物管理子系统

· 选刊订购

· 提供多个检索点

· 书目数据的输入与编目

· 记到与验收

· 催询与补缺

· 馆藏的管理

· 各种输出产品

· 统计功能

· 资金信息的管理

·流通的管理

·装订管理

（5）联机书目检索子系统

·提供号码、题名、著者、主题词等检索点

·提供逻辑组配、截断、二次检索方法和辅助检索功能

·提供部分规范文档自动连接

·检索过程集成度高，可自动存取各功能生成的信息

·提供系统定义和用户自定义的显示、打印输出格式

·提供友好的用户接口

·检索事务的管理

（6）参考咨询子系统

·参考、检索工具书的管理

·咨询课题建档

·地方文献库的建立

·专题库（文献型、事实型、数值型）建立

·参考咨询业务的管理（包括统计）

·大众信息服务

（7）图书馆管理信息子系统

·图书馆决策信息管理

·图书馆业务管理信息

·图书馆人、财、物管理信息

·业务辅导信息

对上述功能需求的进一步综合分析，按计算机应用水平可以分为三个层次。第一层次是用计算机全部或部分取代手工的繁琐操作，使这些操作高效与准确，这是直接的、明显的和大量的，是目前我国各类图书馆所急需的。第二层次是由计算机监控图书馆的书流，从入馆前追踪，到入馆后加工、入藏、借阅和剔旧，使图书馆的业务运作形成整体，成为一个动态反映运作变化的信息流，随时

可提供任一本书或任一读者状况的准确信息。第三层次是辅助管理与辅助决策。根据我国图书馆的现状，应尽量保证实现第一层次的功能;第二层次功能是集成系统要求具备的,对改进整个图书馆工作有深刻意义;第三层次功能只能少部分实现,从实际出发逐步提高。此外,随图书馆情报功能的增强,反映在计算机应用上,应大力加强与发展参考咨询业务,从文献、读者、社会各方面收集信息,建立各种专用数据库,提供灵活的社会化的信息服务。

2. 性能需求

(1)每个书目记录平均不到 1K 字节,随应用的规模,系统应具有相应的存储容量。

(2)检索与流通等联机响应时间一般应不超过 5 秒。

(3)为保证流通系统的可靠运行,需备有后援系统。

(4)应保证系统的安全性、可靠性,防止非法存取。

(5)应保障数据的完整性,有后援存贮。

此外,系统应充分考虑未来将会提出的需求。

三、软件方案

1. 系统结构

图书馆自动化集成系统的结构是建立在图书馆专用数据库管理系统(以下简称 LDBMS)基础上的多层次集成组合结构。这个结构可分为:

(1)基本软件层,包括操作系统支持下的文件管理和数据最基本操作,如读/写记录,缓冲区管理和字段切分/合并等。

(2)公共软件层,包括 LDBMS 的全部基本功能,如用户模式描述、数据操纵处理、空间管理、数据字典维护、安全性和完整性检查、并发控制、索引、日志、诊断、统计分析以及人/机友好接口、自动报表生成和查询语言等的支持函数。该层的函数称为基本功能元件。

(3)应用软件层,把基本元件集成在一起构成可完成一定功

194

能且能单独运行的程序,称为功能集成模块。集成度的大小主要由用户的需求和运行环境决定。

(4)虚拟事务处理层,把功能集成模块按图书馆的实际使用要求,组合成适当的子系统,即虚拟事务工作环境(如图1所示)。

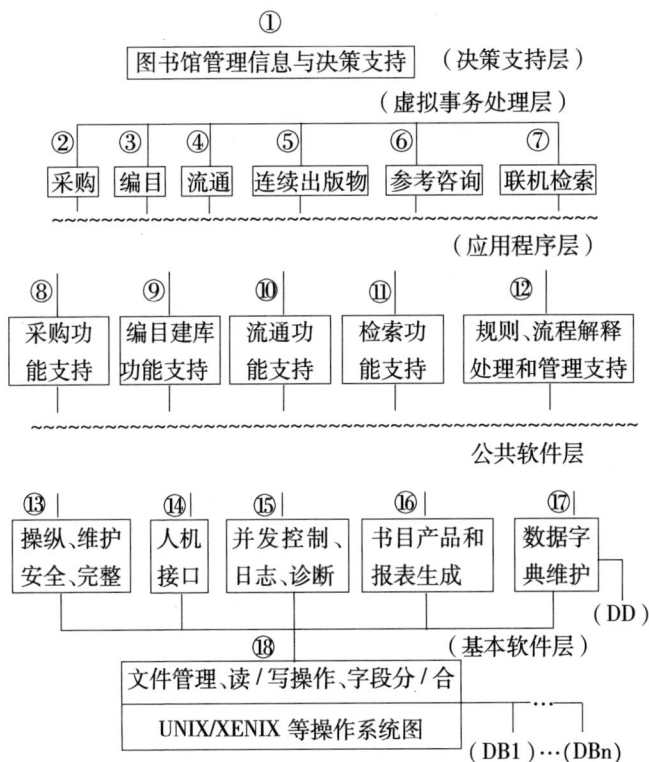

图1. 图书馆自动化集成系统层次结构图

2. 图书馆专用数据库管理系统(LDBMS)

该集成系统的目标是面向大、中、小各类图书馆业务管理自动化,而各类图书馆所要求管理和处理的数据量,以及业务管理工作流程等都有较大差异,因此对软件的可移植性和灵活适应性就提出了较高的要求。图书馆需要管理的数据量很大,而图书馆的经费又不太许可购置磁盘容量很大和数据处理能力很强的计算机。目前国内常用的数据库管理系统,如 dBASE, Informix, Unify 等都有一些共同的局限:

(1)集成系统面对的是各种类型的图书馆业务管理需求,对于可移植性受到了较多的限制。

(2)图书馆中数据存贮量最大的是书目数据,按完整的格式要求,则每条书目记录的结构和长度变化很大。如果采用固定结构和固定长记录的数据组织方式,则必将浪费很多存贮空间,这在存贮容量有限的情况下是难以容忍的。

(3)通用 DBMS 提供的处理能力针对性不可能很强,且利用它开发应用系统,随着实际应用的不断广泛和提高,系统的更新和扩展都受到很大的限制和制约,特别对于像集成系统这样的大型应用软件系统。

(4)上述 DBMS 基本上都是属于中、小型数据库管理系统,不太适宜于图书馆这类大数据量的管理。

此外,一个要满足广泛长期使用的大型应用软件系统,在初期研制一个功能较完备适用,且易于维护和完善的核心,是系统能够有强健生命力的基础。通过几个月在计算机上的模型试验,我们对开发 LDBMS 可能花费的代价和自身的能力有了一个比较明确的估计和认识。

鉴于上述理由,我们有必要而且能够自己研制一个适合图书馆业务管理的专用数据库管理系统来作为该集成系统的核心和基础工具。

作为系统核心的 LDBMS 管理两大类数据库:书目数据库和非书目数据库。书目数据库的索引均根据各字段的特点,以及在实际使用中的分布情况分别采用合适的数据组织和算法建立,使得在满足系统响应时间的前提下,大大压缩了索引占用的磁盘空间。非书目数据库的索引一般采用 B + 树的方法建立,其中部分较特殊的字段也可根据其实际数据的特征进行处理。

除了对 LDBMS 本身的管理程序外,整个 LDBMS 基本上是由若干组功能函数群组成。数据操纵可通过两种方式进行:①在主语言 C 中调用功能函数;②通过数据操纵语言 DML 调用功能函数。

系统提供简单专用的数据描述语言 SDDL 供用户选择性自定义若干数据库。数据的物理存贮为可变结构可变长的书目数据记录类型和可由用户自定义记录数据结构的定长结构记录类型相结合的组织。数据量最大的书目数据的记录结构和长度变化很大,在数据存贮方式上与其它的非书目的数据完全不同,查询和存取效率要求针对具体的数据存贮方式来决定处理的算法,而用户则要求统一简单的调用。为此,采用了一个完备的数据字典来满足上述要求。这个数据字典描述数据文档,记录的类型、结构以及处理方式,数据字段特征、操作及其关系,使各子模块及文档之间的关系相联为一体,使整个系统达到按文件级集成的目的。利用该数据字典,可以很方便地管理整个系统的全部数据资源,使数据规范化、标准化,同时数据字典还供 LDBMS 进行存取控制和管理用。

LDBMS 的主要特点是:

(1)高度集成的功能模块化系统结构使得该系统灵活性强、易于维护、扩充且可选择部分移植单独使用。使得 LDBMS 能很好地适应各类图书馆的需要。

(2)充分利用机器资源,主要体现在:①利用系统工作中的闲散机时自动地完成许多比较费时的,又不需要实时处理的工作,如删除记录后的空间回收使用,索引重组优化查询等;②采用若干压缩存贮技术,在不影响可扩充性的前提下,充分利用现有空间。

（3）在一定条件下，可调用用户已运行系统的功能和数据，或把用户原建立的数据库中的数据转入本系统运行。如有的图书馆已在使用流通管理或编目子系统，只要用户把系统的数据库（或数据文件）的若干数据信息项，按 LDBMS 的要求输入，则 LDBMS 就能通过适当的途径访问该系统的数据。如果用户愿意用新系统的相应的子系统换旧系统，则可把原有系统的数据转入 LDBMS 的数据库中。

（4）LDBMS 最核心部分与操作系统的界面处理可根据具体的系统环境作适当的修改，以便充分地利用计算机硬软件资源。

3. 软件实现技术

（1）整个系统的研制过程，采用了系统工程和软件工程中对系统研制有益的思想和方法作为研制的指导。参照 ANSI 中软件工程对各类文档的标准要求编写各阶段的文档资料和说明书。

（2）考虑到可移植性以及研制和程序运行效率等因素的要求，整个系统采用 C 语言这种介于汇编和高级语言之间的语言。

（3）整个系统在 XENIX 操作系统下开发，利用了 OS 已提供的若干软件工具，如 YACC 等。

（4）系统设计中所用到的主要技术方法都先进行模型试验，并以模块结构化的要求贯穿始终。基本软件层和公用软件层的功能元件（C 函数）都要求相互独立、有机组合。应用层的集成模块之间也是相互独立的。这样由功能集成模块组成的子系统，结构清晰，灵活性大，可维护性强。系统的执行效率可由用户自己选择的功能模块的集成度的大小决定。集成度的大小与系统运行对内存的要求和模块的维护难度有关。

（5）系统的人/机接口设计，利用部分"人机工程学"和"软件心理学"的研究成果，参考现有若干应用系统的人/机接口，以便能动态地满足各类用户的不同阶段的使用要求，特别考虑了用户的适应问题。

（6）采用了动态查询技术，依据各字段的特点建立索引，在基本满足系统查询响应时间的前提下，大大缩小了索引所占用的磁盘空间（根据试验和计算每条书目记录的 8 ~ 10 项索引所占空间约为记录的百分之十）。

（7）根据图书馆业务的实际需要，建立的自动报表生成和打印子系统，只要求用户输入最少的必备信息量，就能完成报表的生成和输出。

四、系统环境

根据软件要求及国内计算机市场及其发展情况和我国图书馆的经济承受能力等方面综合考虑，提出系统的运行环境。

1. 软件对系统环境的要求

（1）凡配有 C 编译的操作系统，均可运行本系统。UNIX、XE-NIX 或其变种的操作系统是系统运行的最佳环境。系统能达到功能和数据集成运行的必备条件是多用户操作系统或联入网络的计算机。

（2）对磁盘空间的要求：

  · 按完整的书目记录要求存贮数据，平均每条记录所占空间为 1K 字节（包括八项索引所占的空间）。
  · 流通文档：每册参与流通的书需要 22 ~ 50 字节。
  · 读者文档：每位读者的信息需要 100 ~ 512 字节。
  · 采购文档：每种书平均需要约 512 字节。
  · 其它文档：约为系统全部数据文档空间的 20%。

2. 计算机硬件配置

在经济上，我国图书馆自动化的最大花费是在购置硬件设备上，欲使系统投入实际使用，需要什么样的硬件配置，要花多少钱，是系统经济上可行的关键。

（1）系统的完整配置

计算机配置大小与多少，涉及到应用的程度和规模。如果图书馆的藏书均输入计算机并实现了所有 7 个子系统，则可以讲是彻底实现了自动化。但是，对绝大多数图书馆来讲，不仅不可能，而且不必要。根据图书馆的现状分析，一般省馆中外文常用书大多在 20 万种以下，如果这部分藏书使用了计算机，那么，整个图书馆工作基本实现了自动化，也就达到了应用的目的。因此，我们按常用书 20 万种、10 万种和 3 万种将图书馆分为三个层次，按全面应用的要求，为每个层次拟定配置方案并估算费用，使之基本上达到全面应用的水平。

①常用书 20 万种上下：可选用以超级微机组成的局域网络方案或超级小型机系统方案。配备 24～48 台终端机，外存容量 400MB 以上。估计人民币 50～70 万元。

②常用书 10 万种上下：选用超级微型机局域网络方案，8～32 台终端机，容量 250MB 以上。估计人民币 25～45 万元。

③常用书 3 万种上下：选用超级微型机系统或局域网络方案，外存容量 80MB 以上。估计人民币 10～20 万元。

附件四：适应大中小型图书馆硬件规模报告（略）

附件五：典型配置（略）

（2）支持本系统一个子系统的最小配置

本系统是一个开放系统，在应用和发展中不断完善和提高功能，扩大应用的范围和规模。因此，如果用户经济条件不能支持上述完整配置方案，则可采取总体设计分步实现的办法，选择一条合适的应用模式，从一个或几个子系统开始应用，逐步扩充。本系统的软件方案充分考虑了用户的这一要求，使系统能渐进式地趋于完善。下面为支持一个子系统的最小配置方案，仅需人民币约 3～5 万元：

　　·包括基本 C 函数库的 C 编译程序；

　　·可供用户使用的内存空间大于 400KB；

·有 10MB 以上的硬盘；

·有软盘驱动器和/或磁带机。

按此方案,从一个子系统 3 万元起步。任何馆可以根据自身经济条件选择一个或几个子系统,直到完整集成系统方案,切合现状,未来又可以充分发展。

3.图书馆自动化特殊设备及用品

(1)有关非常用字符集的设备

①终端方案:采用专用终端解决主机所不能解决的字符集问题,如 SUN220 中英文智能终端解决繁体汉字问题,多能 CT－110 终端可解决日、俄、希腊文问题, DT－800 终端可解决法、德、西班牙文问题等。

②微机方案:用 PCDOS 支持的微机作为智能终端,采用多语种处理系统。如清华大学软件开发中心和信通集团软件工程公司推出的 QSML 多语种处理系统,能处理中、英、日、俄、德、法、意、葡和希腊等 9 种文字;中科院计算中心和信通集团公司推出的 KJDD 中日英处理系统。

(2)光笔阅读器

①用 IBM PC 作流通终端,可使用目前国内市场常用的光笔阅读器;

②用可接在终端上使用的光笔,如 INTERMEC 9510 Online Reader 光笔和 DT100 数据采集器光笔等。

(3)条形码

现使用的条形码有多种,如 EAN 码、39 码、25 码等,从图书馆的实际使用看,EAN 码较宽,条形间距较稀,便于光笔反复扫描,且误码率很低。

(4)流通系统的后援设备

流通系统需备有相对独立的后援设备,本系统后援机拟采用微机。需要时由转换开关使其同终端连接,进行流通登记;主机故障排除后,将后援系统的数据转入流通文档进行合并处理,并检查是否有越权借书。

五、书目数据库建设

1. 必要性

将图书馆藏书目录转换为书目数据库是实现图书馆自动化最基本的条件。仅有软件与设备,没有书目数据库,自动化系统是无米之炊;有了软件与设备,才着手建设书目数据库,自动化系统至少要推迟一年或更多时间才能投入运行。因此,在开发软件的同时就必须着手书目数据库的建设。

在图书馆自动化系统的先驱国家如美国,早在1969年,即在绝大多数图书馆实现自动化之前,国会图书馆就已发行机读目录数据库,由国家和社会为图书馆实现自动化提供了一个最基本的条件。我国各图书馆实现自动化,目前还没有这个条件。从1988年起北京图书馆准备发行中国机读目录数据库,在此之前书目的回溯转换,只有建立自动化的系统的各馆自行设法完成。将若干年的藏书目录回溯转换为数据库,所需要的技术、资金、人力与时间,是任何一个馆都难于承受的。由于各馆中文藏书大体差不多,因此,合作进行回溯转换是一条非常好的可行之路。

2. 书目数据格式

系统内中外文书目均采用一种内部数据格式,该格式同采用UNIMARC的"中国机读目录通讯格式"(北图自动化发展部,1986年)完全兼容。为接受或提供国家标准格式的书目数据,需要能进行国家标准书目格式同机器内部格式的双向转换。为接受LC的书目数据或其光盘系统,需要具有LCMARC格式向机内格式的转换能力。

3. 书目数据加工

本系统自建书目数据库的书目著录规则,均采用国家先后公布的有关国家标准（统一的标准号为 GB3792），在具体做法与详尽程度上同北图国家书目中心一致。参照国家书目中心的"中文图书书目记录输入单"制定适合本系统著录与输入人员使用的工作单。

本系统准备对中文图书进行适于计算机与手工两种检索的主题标引。采用《汉语主题词表》并加标自由词，依据国家标准"文献主题标引规则"（GB3860-83），参照国家书目中心的标引实践，改造仅适于手工检索的标引方法，制定具体适用的标引规则。

4. 试建人名规范文档

规范文档是有效地进行规范控制与书目控制的必备手段。国外的计算机编目系统必须有规范文档，否则不能算作真正的编目系统。就我国目前情况，全面建立各种规范文档条件尚不具备。为了积累经验，走出建立规范文档的路子，我们准备试建人名规范文档。利用多年积累的相当数量的中文图书作者规范资料，这些资料中包括规范记录的一些项目，同时增补某些缺少的必备项目。参照国外机读规范文档格式，拟定合用的规范数据格式，建立规范记录。各馆在编目实践中逐步补充，不断充实，从而形成一个有实用价值的人名规范文档。在此基础上，进而再建立其它名称规范文档以及丛书、主题等规范文档，为全面实现书目的规范控制打下基础。

5. 回溯转换

图书馆实现自动化必须将多年的手工目录回溯转换为机读目录，这是一项浩大的工程。以实用为目的，同国家书目中心将发行的中文图书机读目录相衔接，几个图书馆合作建立 1989 年以前（含 1989 年）供各类图书馆使用的书目数据库产品，这是一种有效可行的回溯转换方法。

南京图书馆、湖南图书馆与深圳图书馆于近期在深圳召开了书目数据库建设协调会议，经过四天的充分讨论，通过了《书目数据库建设合作方案》与会议纪要(附件六略、附件七略)。回溯建立书目数据库是文化部重点科研课题"集成图书馆自动化系统"的配套项目,由"集成图书馆自动化系统"研制组组织。遵循各馆自愿参加、统一管理、协作共享、责权利相结合的合作原则。采取统一标准,分散加工,保证质量,归口推广的办法,促成我国机读目录的实用化。

六、实施和推广

在整个研制工作中,运用系统工程和软件工程方法,对软件生命周期的各阶段进行周密的计划、组织与管理。

1. 计划与进度

从1988年初,经过了提出项目、开题论证、成立研制组、资料调研汇集、图书馆现行手工系统调研、培训队伍、模型试验、总体方案设计等阶段并将进一步经过软件需求分析、一般设计、详细设计、编码、测试、维护与开始推广等阶段,计划于二年内,即1989年底完成。

从事这样比较大型软件的开发,同时又要设计与研制图书馆专用数据库管理系统,难度相当大,需留有一定的机动时间;由于用户需求迫切,一些用户已在等待;项目经费不足,研制时间越长,有些开销越大。因此,项目应尽力提前完成,在周密计划前提下抓紧进行,力争比原定时间(1990年)提前一年投入应用。

工程网图络(此图略)列出了整个项目,包括软件开发,系统环境和书目数据库建设的计划、进度与各阶段的时间安排。

研制工作在总体设计下分步实施。应用层第一步先开发采、编、流与检索四个子系统,第二步开发连续出版物、参都咨询与管理信息三个子系统。

系统推广后,争取进一步的投资和自筹资金相结合,从1990年起逐步着手研制工作中提出的需要进一步开发的项目,如少数民族语言图书的处理问题,规范文档的广泛应用问题、用双超微机支持中等规模图书馆的应用问题等,使系统日趋完善并葆有旺盛的生命力。

2. 组织与管理

整个项目在文化部的领导下开展工作,由承担单位深圳图书馆主要负责人和研制组主要负责人共同组成项目领导小组,负责实施《文化科技三项费用专项合同》,同时为研制工作创造适宜的外部环境。

研制组主要负责人是研制组组长和总工程师,下设总体组、软件组、数据组、系统环境组和用户组。总体组由各专业组组长组成并由总工程师负责。软件组采用软件工程主程序员组的模式,以提高软件生产效率。整个研制工作的组织形成了这样机制:由文化部投资与领导,深圳图书馆牵头承担,有能力的公共图书馆派技术骨干参加研制,有机结合共同开发图书馆自动化软件,为全国同时也为各参加研制的馆创造计算机应用的条件。这样做会促成设计与需求相结合、研制与应用相结合、系统与用户相结合,在开发阶段就为未来推广与维护工作打下了技术、队伍与组织基础,促成开发、推广与维护一体化。

研制组聘请国内专家组成顾问组,对研制工作进行咨询、评议与审查。研制组为确保任务的完成,采取坚决有效的科学管理方法,建立各项管理制度,如人员管理、财务管理、技术文档管理等。在人员管理方面,采取严格聘用研制组成员的制度,每个成员不论担任什么工作,均必须有职责明确、接口清楚、可检查的任务,有责权利与奖惩办法的相应规定,依据一定手续对不称职成员进行解聘。在研制工作阶段树立起未来推广中需坚持的作风:紧张、协作、信誉。

3. 推广与应用

推广与应用是研制系统的目的,也是对系统最好的鉴定。推广需要解决体制、组织与队伍、政策和环境等一系列问题。

体制是推广面临的重要问题。从图书馆新技术应用的战略眼光来看,应该和可能由开发的软件及其配套系统带动起图书馆自动化产业。这是会对全国图书馆事业发生长远影响的新技术产业。在经济发达国家,已创办许多图书馆自动化的新技术产业实体,且已有近15年的历史。目前,全国许多地区的实际情况证明,已经到了图书馆新技术产业在中国创业的时候了。因此,欲使文化部这一科研项目转化为软件产品并在全国推广,必须创建由研制组负责并以研制组成员为基础的业务上隶属于文化部图书馆局、经济上自负盈亏的图书馆自动化研究所或独立的图书馆自动化公司。只有这样才能解决推广的体制问题,才能保障软件的推广、销售、售后服务、维护与进一步开发,才能解决推广和维护的组织与队伍问题,才能促使产品更新换代,不断创新,永葆活力。

为创造良好的图书馆自动化集成系统的应用环境,研究所或公司将开展一系列工作:①自动化研讨班,②技术培训班,③技术咨询,④代选代购计算机系统及配套设备,⑤转换与代售书目数据,⑥组织建设与推广配套的数据库,⑦多种信息产品加工等。围绕图书馆自动化,从认识到实践、从软件到硬件、从咨询到代购、从应用技术到实用数据等各个方面各个环节为图书馆的计算机应用创造条件。

打入国际图书馆自动化市场是我们坚定的奋斗目标。随着系统在国内的推广,深入研究港台地区和国外对图书馆自动化系统的需要特点,发挥我们的长处,广辟渠道,首先是面向港台地区、次为东南亚、再为其他国家。只要我们拥有坚实的技术基础和灵活的推广措施,切实研究港台与国外的需要特点,我们就有能力打开并立足于国际市场。

附录四 "图书馆自动化集成系统"
总体方案论证意见

　　文化部重点科研项目"图书馆自动化集成系统"总体方案论证会由文化部科技办公室和图书馆事业管理局主持,1988 年 12 月 13～14 日在北京举行。论证委员会听取了研制组所作的项目背景、总体方案和软件方案的介绍,充分、认真地讨论了总体方案的各个方面。经过论证,委员会一致认为:

　　由深圳图书馆承担、国内部分单位参加的"图书馆自动化集成系统"自 1988 年 1 月立项以后,研制组的同志紧张工作,以不到一年的时间就提出了总体方案,工作效率相当高。研制组在制定总体方案的过程中,对国内外有关情况做了认真的调查,并对有关技术方案进行了模拟试验,使方案的基础比较可靠。方案总结了国内外特别是国内图书馆自动化发展中的经验教训,并据此提出了先进的、且符合我国国情的指导思想和原则。方案运用系统工程和软件工程的方法,设计合理,考虑周全,组织管理方法得当,并体现了改革的精神,是一份好方案,原则可行。

　　论证中还提出了进一步完善方案和保证方案落实的建议。会议认为:系统的研制宜于分类、分阶段实施,并应为第一阶段确定先进而又合理的有限目标;系统应注意功能与数据的合理分布;与之配套的书目数据工作有关部门应给予充分重视。会议建议,由研制组认真研究大家提出的建议,并对方案进行必要的完善后,即可按此总体方案组织实施。

　　会议认为,此项工程对于促进我国图书馆的管理现代化具有重要意义,建议将此项列为国家级项目,并希望国家有关领导部门能给予支持,加强领导,以创造良好的研制、推广应用的环境,确保此系统工程的顺利实施。

　　　　　　　"图书馆自动化集成系统"总体方案论证委员会
　　　　　　　　　主 任 委 员:徐如镜　（签字）
　　　　　　　　　副主任委员:罗晓沛　（签字）
　　　　　　　　　　　　　　　吴龙涛　（签字）

　　　　　　　　　　　一九八八年十二月十四日

主要参考文献

1. Integrated Online Library Systems：Principles，Planning and Implementationi，by David C. Genaway，1984.

2.《电子计算机在图书情报工作中的应用》沈迪飞、余光镇编，中国科学院图书馆，1982 年。

3.《经济社会学》，（美）尼尔·斯梅尔瑟著，方明，折晓叶译，华夏出版社，1989 年。

4.《论社会生产力》，刘贵访，人民出版社，1988 年。

5.《生产力经济学教程》，刘方棫主编，北京大学出版社，1988 年。

6.《非平衡系统经济学》，胡传机著，河北人民出版社，1987 年。

7.《信息系统的分析与设计》，张孟越、周士瑢、孙维聪合译，上海交通大学出版社，1987 年。

8.《可行性研究和多目标决策》，王浣尘编著，机械工业出版社，1987 年。

9.《可靠性与维护性》，（日）盐见弘著，姚普译，机械工业出版社，1987 年。

10.《软件可靠性》，（日）菅野文友著，金文秀、李忠元译，机械工业出版社，1988 年。

11.《图书馆自动化系统》，萨蒙著，胡世炎译，书目文献出版社，1984 年。

12.《计算机图书馆系统导论》，阿·埃·特德著，史鉴、阎立中译，书目文献出版社，1984 年。

13.《数据库系统概论》，萨师煊著，高等教育出版社，1984 年。

14.《图书馆网络》，西·柯·马丁著，书目文献出版社，1983 年。

15.《软件工作的科学管理》，（美）C. L. 麦克卢尔著，谢铭培译，复旦大学出版社，1988 年。

16.《图书馆自动化实用教材》(提纲),深圳图书馆自动化集成系统研制组,1991 年。

17. 图书馆自动化集成系统鉴定会技术资料(内部资料),深圳图书馆 ILAS系统研制组,1991 年 11 月。

18. 深圳图书馆书目数据著录细则汇编(内部资料),深圳图书馆 ILAS 系统书目数据加工组,1991 年 11 月。

19.《图书馆自动化集成系统使用报告》(鉴定会资料),深圳图书馆,1991 年11 月。

20.《ILAS 系统使用情况简述》(鉴定会资料),北京市崇文区图书馆,1991 年8 月。

21.《ILAS 系统用户使用报告》(鉴定会资料),上海市静安区图书馆,1991 年8 月。

22.《图书馆自动化集成系统用户报告》,(鉴定会资料),黑龙江省图书馆,1991 年 8 月。